세종의 하늘

세종의 하늘

세계 최고 과학 국가를 만든
세종의 천문 프로젝트

정성희

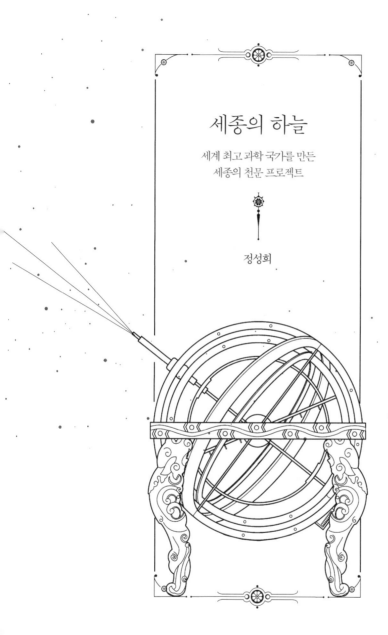

사우

세종, 조선의 하늘과 시간을 열다

·
1

세종이 즉위한 지 4년이 지난 1422년 1월 1일, 그날은 해를 완전히 가리는 개기일식이 예보되어 있었다. 창덕궁 인정전 뜰 앞에는 하얀색 소복을 입은 세종과 신하들이 잔뜩 긴장한 모습으로 모여 있었다. 구식례를 하기 위해서였다. 구식례란 달에 가려진 태양을 구출하기 위해 벌이는 의식이다.

옛사람들은 일식 현상을 태양이 달에게 먹히는 것으로 받아들였다. 당시에는 태양이 제왕을 상징한다고 여겼다. 태양이 달에게 먹힌다는 것은 제왕이 빛을 잃게 된다는 불길한 징조였다. 일식은 일정 시간이 지나면 회복되는 자연 현상이 아니었다. 신하가 군주의 권능을 침해할 때 일식이 일어난다고 믿었으니 한시라도 빨리 태양을 구출해야 했다. 제왕은 자신의 왕좌와 왕조의 운명을 위해 일식이 언제 일어나는지 미리 알아서 이를 소멸시켜야 할 의무가 있었다.

이날의 일식은 3개월 전에 예보되어 있었다. 예보한 사람은 천문관 이천봉이었다. 예보한 시각이 다가오자 일식을 알리는 북소리가 인정전 앞마당에 울렸다. 하지만, 예보한 시각이 되어도 일식이 일어나지 않았다. 세종과 신하들은 초조한 표정을 감추지 못했다. 예보를 담당한 이천봉은 땅에 엎드려 일어날 줄을 몰랐다. 오랜 침묵이 흐른 뒤 마침내 해가 사라지는 일식이 시작되었다.

"어서 빨리 해가 다시 나타나도록 북을 울리고 활을 쏴라!"

해가 달에 가려질수록 북소리는 점점 커졌다. 병사들이 일제히 하늘을 향해 활을 쏘았다. 구식례에서는 북을 울리거나 해를 향해 활을 쏘는데, 이는 해를 가린 달을 공격하는 일종의 퍼포먼스였다. 다행히 달에게 먹힌 태양을 구출할 수 있었다. 태양은 온전한 모습을 되찾았다. 세종은 깊은 안도의 한숨을 내쉬었다.

2년 전인 1420년에 세종은 천문대를 세웠다. 그러나 여전히 천문학 수준은 전 왕조를 뛰어넘지 못하고 있었다. 관측기구는 낡았고 이를 해결할 인재를 찾기도 어려웠다. 1초도 틀리지 않게 일식을 예보할 수는 없을까? 전 왕조인 고려와 달리 천문 현상을 더 빨리 파악해 백성들에게 정확하게 알려줄 수는 없을까? 세종은 오랫동안 이런 고민을 하고 있었다. 하늘의 운행을 정확히 알아서 백성의 삶을 평온하게 만들면 민심은 천심이 되어서 왕조가 더 튼튼해질 수 있었다. 세종이 내린 결론은 세계 최고 수준의 왕립천문대를 건설하는 것이었다.

2

일식이 일어나고 몇 달 뒤 세종의 배려로 명으로 천문학 공부를 하러 갔던 장영실이 귀국했다. 장영실이 오자마자 세종은 왕립천문대 건설을 위한 본격적인 천문 프로젝트를 가동했다.

그러나 가뭄이 극심한 상황에서 비용이 많이 드는 왕립천문대 건설을 추진하려는 세종을 이해하는 사람은 많지 않았다. 먹고사는 문제가 더 시급한 백성들에게 당장 어떤 혜택이 돌아가는지 모르겠다고 생각하는 이들이 많았다. 하지만 세종은 중차대한 천문 프로젝트를 끝끝내 밀고 나갔다.

1432년(세종 14) 간의대 건설을 시작으로 세종의 천문 사업은 총 7년 프로젝트로 진행되었다. 이듬해에 간의대가 축조되고, 1434년에 자격루와 앙부일구, 1437년 일성정시의, 1438년에 흠경각 옥루 등이 완성되면서 왕립천문대 사업이 종료되었다. 1420년 세종이 본격적으로 천문에 관심을 두기 시작한 지 18년 만에 오랜 꿈이 실현된 것이다.

왕립천문대가 건설되면서 비로소 정확한 시간을 관측하여 백성들에게 알려줄 수 있게 되었다. 정확한 시간은 정확한 시계를 만드는 데에서부터 출발한다. 자격루를 비롯하여 이전 시대와는 차원이 다른 다양한 시계가 세종 대에 제작되었고, 한양을 위도로 한 정확한 천문관측이 이루어졌다. 세종의 노력으로 이제 조선의 백성들은 명나라의 시간이 아닌 조선의 시간으로 삶을 영위할 수 있었다.

세종의 천문 프로젝트가 성공하기까지 과학자들의 피땀 어린 헌신이 있었다. 대표 인물이 장영실이다. 관노라는 미천한 출신에도 불구하고 세종은 그를 과감히 발탁했다. 장영실은 세종을 위해 하늘이 내린 과학 장인이었다. 장영실의 재주를 인정한 세종은 불가능하다고 여겨지던 자동 물시계를 만들게 했다. 신분보다 능력을 인정해준 왕을 위해 장영실은 밤낮없이 제작에 몰두하여 자격루를 완성했다. 세종의 리더십은 그런 것이었다. 국가와 백성을 위하는 일에 있어서 신분이란 아무 의미 없는 것이었다.

또 세종은 이천과 이순지, 김담과 같은 과학 인재를 발굴하여 조선 과학의 부흥을 이루었다. 혹자는 장영실보다 이천과 이순지가 남긴 업적을 더 높게 평가하기도 한다. 무관 출신인 이천은 충청도병마절제사로 서해안에 출몰하는 왜구와 맞서는 과정에서 자신 안에 잠재되어 있던 과학적 재능을 표출하기 시작했다. 조선 선박을 개량한 갑조법을 개발했고, 세종의 명으로 경자자와 갑인자 같은 뛰어난 금속활자를 만들어 조선의 인쇄 기술을 한 단계 업그레이드시켰다.

조선 최고 천문학자로 평가받는 이순지 또한 세종 시대를 이야기할 때 빼놓을 수 없는 인물이다. 불과 20대 후반의 나이에 세종의 야심 찬 천문 역법 사업의 책임자로 발탁된 천재였다. 후계자인 김담과 함께 원나라와 아라비아 천문 역법을 소화하여 편찬한《칠정산내외편》은 그의 대표적 업적이다. 이순지와 김담의 공헌으로 15세기 조선은 우리 역사상 처음으로 관측과 계산을 통한 독자적인 역법을 가진 나라가 되었다.

3

세종이 과학 분야에서 뛰어난 업적을 이룬 사실은 대한민국 국민이라면 누구나 알고 있다. 그러나 간의대를 만들고, 《칠정산내외편》을 편찬한 일이 도대체 무슨 의미를 갖는지, 그것이 왜 위대한 업적인지 말할 수 없다면, 세종이 남긴 업적은 평가 절하되고 만다.

우리 역사에서 세종은 명에 종속된 천문 역법의 자주독립을 이룬 유일무이한 왕이었다. 삼국시대부터 우리나라는 중국 왕조의 역법을 빌려다가 쓰는 형편이었다. 역대로 중국 왕조는 하늘을 관측하여 그에 따른 정확한 시간을 알아내는 일은 천자만이 할 수 있는 일이라 주장했다. 이로 인해 제후국이었던 우리나라는 자주적인 시간과 달력을 갖기 어려웠다.

고려시대에도 우리나라를 기준으로 한 천체 운동 계산은 하지 못하고 있었다. 그나마 수도 개경을 기준으로 약간 수정해서 사용했을 뿐이었다. 우리와 위도와 경도가 다른 중국 왕조의 역법을 그대로 사용하니 일식 오보와 같은 일이 반복되었다. 세종은 명이 아닌 조선에 맞는 역법을 만들어야 한다고 생각했다. 이를 위해 추진한 것이 간의대 건설과 《칠정산내외편》으로 대표되는 천문 프로젝트였다.

오늘날 과학의 발전이 곧 국가 발전의 초석이 되는 것임을 누구나 알고 있다. 전통시대도 마찬가지이다. 국가와 백성을 잘 통치하기 위해 세종은 과학을 발전시켰고 과학자들은 세종의 꿈을 이루기 위해 불굴의 노력을 경주했다. 세종의 천문 프로젝트는 조선 건국의 정통성과 자주성을 확립하고 국가가 백성들을 위해 존재함을 보여주는 사업이었다. 사업은 대성공이었고, 조선의 천문학 수준은 15세기 세계의 정점을 찍었다.

2016년 KBS 대하드라마 〈장영실〉 제작팀이 나에게 자문을 요청했다. 제작진은 "세종이 천문학을 발전시킨 이유가 무엇이냐"라고 물었다. 정곡을 찌르는 질문이었다. 이 질문에 대해 본격적으로 탐구한 책을 써서 대중과 공유하고 싶다는 생각이 들었다. 하지만 오랜 시간 한국 과학사를 공부했음에도 탈고까지 여러 해가 걸렸다.

이제야 세종이 조선의 하늘과 시간을 열게 된 과정을 오롯이 담은 책을 독자들 앞에 내놓는다. 특히 미래를 짊어질 청소년 독자들이 많은 관심을 가졌으면 하는 바람이 크다.

부족한 원고에도 선뜻 책 발간을 도와준 사우출판사와 늘 곁에서 지지해 주는 사랑하는 남편에게 고마움을 전한다.

2020년 가을
정성희

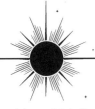

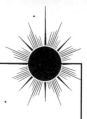

4
더 편하고 정확한 시계를 찾아서
_ 175

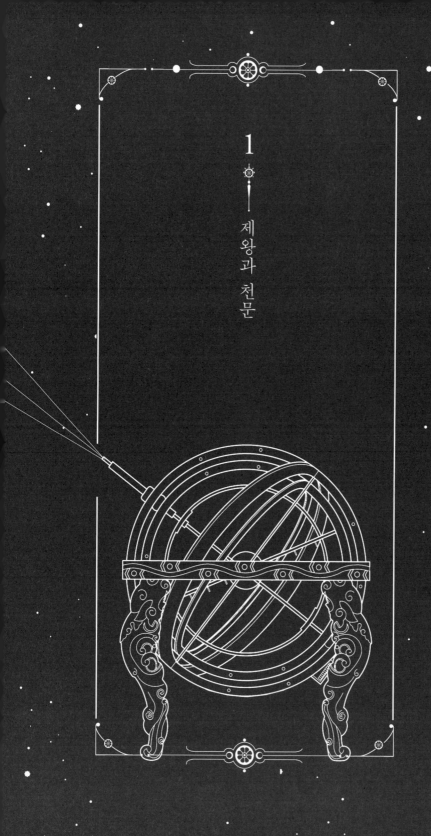

1

제
왕
과

천
문

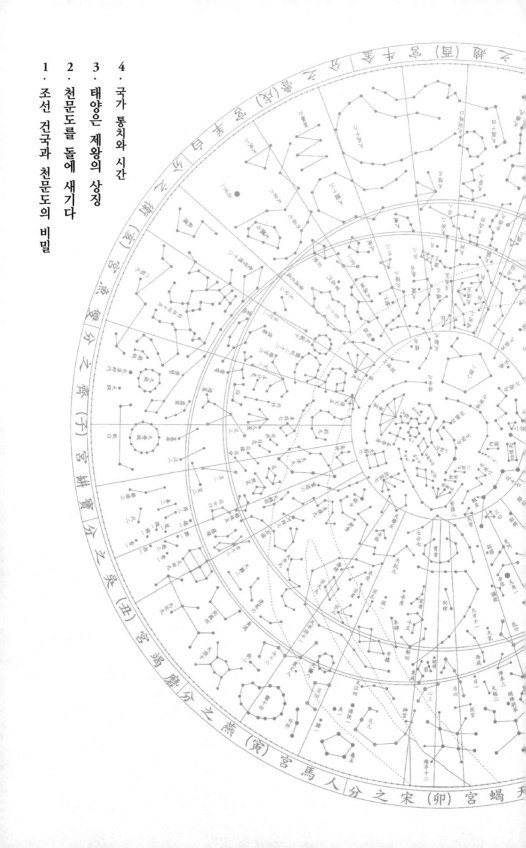

1

조선 건국과 천문도의 비밀

이성계와 위화도 회군

조선을 건국한 태조 이성계. 고려 왕족 출신도 아닌 그가 국내외적으로 혼란했던 시기에 왕이 될 수 있었던 것은 변화하는 시대의 흐름을 정확하게 읽고 과감한 정치적 판단을 할 수 있었기 때문이다. 아울러 왕이 될 성품을 가진 인물이기도 했다. 무엇보다 이성계는 유연했다. 자신과 정치적 입장이 달라도 필요한 사람이라면 자기 사람을 만들기 위한 노력을 아끼지 않았다. 이성계는 패배를 모르는 최고의 무장이자 인품을 갖춘 덕장이었다.

이성계가 무장으로 이름을 떨친 것은 1380년(우왕 6) 노략질하던 왜구를 섬멸한 황산대첩에서였다. 황산대첩은 최무선이 개발한 화약과 화통을 이용한 화포가 처음 사용된 전투로 유명하다. 크고 작은 전투에서 뛰어난 전략과 용맹으로 승리한 이성계는 어느덧 고려가 인정하는 최고의 명장으로 성장하였다.

1388년 4월 우왕은 최영을 팔도도통사, 조민수를 좌군도통사, 이성계를 우군도통사에 각각 임명하고 요동 정벌을 명했다. 이성계는 현실적으로 요동 정벌이 불가능하다며 유명한 '사불가론(四不可論)'을 제기했다. 그러나 우왕은 요동 정벌을 고집했다. 하는 수 없이 이성계는 일단 왕의 명에 따라 조민수와 함께 5만 대군을 이끌고 출정길에 올랐다.

이성계와 조민수의 부대는 압록강 하류에 위치한 위화도에 당도했다. 그곳에서 전열을 가다듬어 요동성을 칠 계획이었다. 하지만 때는 음력 5월이었다. 양력으로 환산하면 6~7월로 이때는 무더운 장마철이었다. 장마로 압록강이 불어나자 수많은 군사가 도망치는 사태가 벌어졌다. 이대로 정벌에 나선다는 것은 자멸의 길이라 여긴 이성계는 조민수를 설득해 회군을 감행했다. 이것이 유명한 '위화도 회군'이다. 고려왕조가 멸망하고 조선이라는 새 왕조가 탄생하는 신호탄이었던 셈이다.

위화도 회군 이후 개경으로 돌아온 이성계는 우왕을 친위하는 최영을 물리치고 정권을 잡았다. 우왕은 폐위되어 강화도로 유폐되었다. 이후 이름뿐인 창왕과 공양왕을 마지막으로 1392년(공양왕 4) 7월, 474년에 걸친 고려왕조의 역사가 끝났다. 그리고 30여 년간 전장을 누비며 패배라고는 몰랐던 무장 이성계가 왕위에 올랐다.

민심이 두려운 조선 건국세력

─────── 이성계는 즉위 초기에 고려라는 국호를 그대로 사용하
고 법제나 여러 사회 제도 역시 고려를 이어받겠다고
선포했다. 급격한 정치적 변화가 오히려 백성들과 기존 세력의 반
발을 사리라 우려해서였다. 한편으로 고려왕조와의 차별화도 필요
했다. 새 왕조의 정당성을 확보하기 위해서는 우선 정치이념과 제
도를 정비할 필요가 있었다.

1393년(태조 2)에 이성계는 국호를 고려에서 조선으로 바꾸고, 도
읍지를 개경(개성)에서 한양으로 옮길 것을 결정했다. 한양에 궁궐
과 도성을 건립하고, 조선 건국을 주도한 정도전을 중심으로 법 제
도와 군사, 재정, 과거 제도와 같은 국가 제도 전반을 개혁하도록
했다. 이로써 이성계가 건국한 조선의 기틀이 잡히고 새로운 왕조
의 역사가 본격적으로 시작되었다.

이성계가 왕이 되었다지만, 백성들도 그를 왕으로 받아들였을
까? 그렇지 않았다. 예나 지금이나 새로운 권력이 탄생하는 데 있어
서 가장 중요한 것은 '민심'이다. 조선 건국세력은 새 왕조의 권위
를 세우는 데 어려움이 있었다. 건국 초부터 민심은 매우 흉흉했다.
이는 이성계가 왕이 되는 과정에서 민심을 아우를 만한 정통성이
결여되어 있었기 때문이다. 이성계의 즉위는 왕을 무력으로 끌어내
린 반정(反正)도 아니고, 절차를 거쳐 왕위를 받은 선양(禪讓)도 아닌
어정쩡한 형태였다. 명분이 부족한 왕위였던 것이다. 이성계를 비

롯한 조선왕조 건국세력은 구 왕조인 고려의 왕족들이 반란을 일으킬지 모른다는 불안감을 갖고 있었다. 조선 건국세력은 결국 왕씨들을 모반 등의 이유로 강화도나 거제도로 유배를 보냈고 그것도 모자라 이들을 모두 바다에 빠트리는 학살을 벌였다. 당시 민중들은 억울하게 죽은 고려 왕씨들을 안쓰럽게 생각했다. 민심 이반이 심각했다.

두문동 72현의 존재도 조선왕조로서는 아주 껄끄러웠다. '두문동 72현'이란 고려가 망할 때 이성계를 비롯한 조선의 개국 혁명 세력에 반대한 고려의 유신(遺臣)으로서 두문동에 들어가 절의를 지킨 충신열사를 말한다. 두문동의 '두문(杜門)'이란 '문을 닫다' 또는 '문을 막다'라는 뜻이다. 다시 말해 두문동이란 문을 닫고 나오지 아니하고 외부와 단절하며 사는 곳이라는 의미이다. 두 임금을 섬기지 않는다는 불사이군(不事二君)의 절개를 지키고자 하는 뜻이 강하게 내포되어 있다.

이런 상황에서 백성들은 새 왕궁인 경복궁을 짓는 일에 동원되었다. 설상가상으로 극심한 가뭄까지 겹치자 백성들은 어느덧 새 왕조를 원망하고 있었다. 하늘에는 꼬리가 긴 혜성이 나타나 불길함을 더했고 개성과 한양에는 흉조의 상징인 까마귀 떼가 날아들었다.

전통시대에는 밤하늘에 혜성이 보이는 것 또한 국가에 불길한 일이 일어나는 징조로 해석되었다. 혜성은 꼬리가 있어 우리말로 '꼬리별' 또는 화살에 빗대어 '살별'이라 한다. 《고려사》〈천문지〉 서문에 "하늘이 징후를 나타내어 길흉을 보이면, 성인(聖人)이 이를 규범으로 삼았다."라는 구절이 나온다. 옛사람들은 하늘의 현상과 별이 인간의 길흉화복과 연관되어 있다고 믿었다.

고구려 천문도는 '우연히' 발견된 것일까?

─────── '천명(天命)'이란 글자 그대로 하늘에서 부여받은 명령 또는 운명을 뜻한다. 역사적으로 천명은 이른바 '방벌(放伐)' 또는 '선양(禪讓)'과 밀접한 관련이 있다. 방벌이란 난폭한 왕을 권좌에서 끌어내리는 것을 의미하며, 선양은 덕이 있는 이에게 왕위를 넘겨주는 것을 말한다. 흔히 역사적으로 "이성계가 역성혁명(易姓革命)을 일으켰다"라고 평가하는데, 이는 고려 왕씨 대신 이씨로 성(姓)을 바꾸고 천명을 다시 받았다는 것을 의미한다. 때문에 역성혁명은 역사적으로 새 왕조의 건국을 정당화함과 동시에 왕조 교체 이론으로 활용되었다.

무력으로 나라를 세우고 왕이 될 수는 있었지만, 그렇다고 권위와 위상도 함께 따라오는 것은 아니었다. 조선의 건국세력은, 고려인으로 살았던 백성들이 이성계를 새 왕조의 왕으로 인정하도록 만들어야 했다. 조선왕조가 이 땅에서 사라지지 않고 오랫동안 유지되기 위해서는 그에 걸맞은 권위가 필요했다. 이를 위해서는 이성계가 '천명'을 받은 인물임을 보여줄 필요가 있었다. 이때 조선이 천명을 받은 왕조라는 것을 보여주기 위해 이용된 것이 바로 '고구려 천문도'였다.

조선이 건국된 지 몇 해 지나지 않은 어느 날, 희소식이 날아들 었다. 8백여 년 전 수·당과의 전쟁으로 사라진 고구려 천문도가 발견되었다는 소식이었다. 그런데 이 천문도에 깃들여져 있는 사연이 묘하다. 그 사연은 조선 건국세력의 한 사람인 권근(1352~1409)이 쓴 〈천상열차분야지도〉 서문에 잘 나타나 있다.

돌로 만든 천문도가 옛날 고구려 평양성에 있었는데 전쟁으로 강물에 빠져버렸고, 세월이 흘러 남아 있던 인쇄본마저 없어졌다. 우리 전하께 서 즉위하시자 어떤 이가 한 본을 올리므로, 이를 귀중히 여기고 서운관 에 명하여 돌에다 다시 새기게 하였다.

이반하는 민심을 수습하려 절치부심하던 이성계는 고구려 천문 도를 보자 뛸 듯이 기뻐하였다.

"하늘이 나를 버리지 않으셔서 이렇게 귀한 것을 내리셨구나!"

이를 두고 권근은 '전하보중지(殿下寶重之)'라고 표현했다. 이성계 가 이 천문도를 보물처럼 귀하게 여겼다는 뜻이다.

"이 귀중한 천문도를 돌에 새겨 후손들에게 영원히 남기게 하라."

이성계는 천문관서인 서운관의 관원에게 고구려 천문도를 돌에 다 새기게 했다. 〈천상열차분야지도〉라 불리는 천문도가 탄생한 역 사적인 순간이었다.

사라졌던 고구려 천문도가 이성계 앞에 나타난 것은 무슨 의미를 지닌 것일까? 역사의 기록처럼 천문도가 우연히 발견된 것일까?

고구려 천문도의 발견은 단순한 사건이 아니었다. 이성계가 천명을 받은 군주라는 하늘의 뜻을 '입증하는' 중차대한 의미를 가진 일이었다. 백성들에게 왕조의 정통성을 보여주는 데 고구려 천문도보다 더 좋은 것은 없었다. 이 시대 천문도는 과학적인 의미 외에도 정치적 의미가 가미되어 있었다.

〈천상열차분야지도〉의 서문을 쓴 권근은 포은 정몽주의 제자로, 원래는 고려왕조의 충신이었다. 조선을 건국한 이성계는 권근을 자신의 신하로 삼고 싶었다. 결국 권근은 태조 이성계의 삼고초려로 조선왕조의 기틀을 세우는 데 공헌하였다. 권근의 문집인 《양촌선생문집》에 태조 때 만든 석각 천문도 이야기가 실려 있다.

〈천상열차분야지도〉에 대한 권근의 글

돌에 새겨진 천문도 하나가 예전에 평양에 보관되어 있었다. 그러나 전란으로 물에 가라앉아 사라졌다. 오랜 세월이 흘렀고 그것의 탁본마저도 찾을 수 없게 되었다. 그러나 새 왕조가 시작됨에 이르러서 원본 탁본 하나를 소유한 자가 있어 그것을 조정에 헌상했다. 전하가 그것을 매우 귀하게 여기셔서 새로이 돌에 새기도록 서운관에 명하셨다. 천문학자들이 다음과 같이 대답했다.

"그 천문도는 너무 오래되었고 그래서 별의 위치에 있어서 (그에 따른 계절의 상응에 있어서도) 차이가 발생했으므로 새로운 추보(推步)에 따라서 수정되어야 할 필요가 있을 것입니다. 정확한 태양의 지점(至點, 동지와 하지점)과 분점(分點, 춘분과 추분점)을 새로 결정해야 하며, 황혼과 여명 때의 별의 남중에 대한 자료를 수집해야만 합니다. 그런 연후에야 비로소 새로운 천문도가 미래를 위하여 설계되고 기록되며 그리고 돌에 새겨질 것입니다."

이에 전하께서 "그리 하도록 하라!"고 응하셨다.

새로운 《중성기》가 완성되어서 왕좌에 헌상된 것은 수년이 흐른 후인 을해년(1395) 6월이었다. 옛 천문도에서는 24절기의 '입춘'에 28수(宿) 별자리 중 묘수가 황혼 때 남중했지만, 지금은 위(胃)가 남중한다. 24절기가 하나씩 차례로 그렇게 상호 연관된 차이를 보였으므로, 천문학자들은 옛 천문도를 사용했지만 남중하는 별과 일치하도록 수정했다. 연후에 돌에 새겨졌고 그리고 곧 완성되었다.

류방택, 이성계가 삼고초려한 고려의 천문 전문가

─────── 권근은 〈천상열차분야지도〉 서문을 쓰면서 작업에 참
여했던 11명의 이름을 기록해 놓았다.

나 권근은 왕명에 따라 이 기록을 쓰는 바이다. 류방택이 추보(별의 운행
을 계산하는 일)를 지도했고 설경수가 명문을 지었다. 이 일에 참여한 서
운관 관리들의 이름은 다음과 같다. 권중화, 최융, 노을준, 윤인용, 지신
원, 김퇴, 전윤권, 김자수, 김후.

권근의 기록에 따르면, 류방택이 천문계산을 하고, 설경수가 글
을 지었다고 되어 있다. 권근은 조선왕조 건국에 공을 세운 문필가
이자 관료이며, 설경수는 조선인이 아니라 원나라에서 고려로 망명
한 유명 서예가이다. 권중화는 태종 때 영의정을 지낸 문관이다.

이들 외 천문도 제작에 직접 참여한 서운관 관리 9명에 대한 자
세한 기록이 없어 그들이 어떤 인물인지 확실히 알 수는 없다. 다
만, 《태조실록》에 "검교밀직부사 류방택·노을준 등 11인은 내가 막
즉위하던 때에 모두 일관(日官)으로 있었다."라는 기록이 있는 것으
로 보아 서운관에서 근무한 천문학자들임은 분명하다.

〈천상열차분야지도〉 제작에 참여한 천문학자 중에서 행적이 확
인되고 역사적으로도 주목받는 인물은 류방택이다. 류방택은 고려
를 대표한 천문학자였다. 본관은 서산이며 자는 윤보, 호는 금헌(琴

軒)이다. 류성신의 맏아들로 고려 충숙왕 7년(1320)에 충남 서산의 구치산 아래 양리촌에서 태어났다. 고려 공민왕 원년에 섭산원이라는 이름의 벼슬을 받아 처음 관직에 나갔다. 공민왕 11년인 1362년에 사천감 판사를 지내고 서운관 주부 등 천문역산 관련 관청의 요직에 중용되었다. 천문관청의 관료로 뼈를 묻다시피 한 류방택은 그의 나이 73세에 고려가 멸망하고 조선이 들어서자 '충신은 두 임금을 섬기지 않는다'는 소신으로 벼슬을 버리고 고향 서산으로 내려가 칩거하였다.

태조 이성계가 고구려 천문도를 입수한 뒤에 가장 먼저 찾은 이가 류방택이다. 천문도가 세월이 오래되어 그 도수가 차이가 나므로 이를 새로 측정하여 수정할 필요가 있었기 때문이다. 태조의 삼고초려로 류방택은 〈천상열차분야지도〉 제작에 참여하였다.

태조 이성계는 〈천상열차분야지도〉가 완성되자 천문계산에 큰 공을 세운 류방택을 공신에 봉하려 했다. 류방택은 이를 사양하고 개성 취령산 아래 숨어 지냈다. 이성계의 삼고초려로 하는 수 없이 석각 천문도 제작에 참여했지만, 자신은 여전히 고려의 백성이라 생각한 것이다. 류방택은 죽음을 앞두고 두 아들에게 유언을 남겼다.

"나는 고려 사람으로 개성에서 죽으니, 내 무덤을 봉하지 말고 비석도 세우지 말라."

류방택은 왜 비석도 세우지 말라고 했을까? 그는 왜 조선왕조에 부역한 자신의 흔적을 지우고 싶었을까? 짐작은 할 수 있지만 명확하게 알 수는 없는 일이다.

류방택의 맏아들 백유와 둘째아들 백순은 고려 말에 이성계를 비롯한 개혁세력이 추진한 토지 개혁에 반대하다 한때 전라도 광주로 유배되기도 했다. 하지만 부친과 달리 류백유와 류백순은 뒷날 조선왕조에서 벼슬을 했다. 류방택의 생애는 고려 말의 학자 정이오(1347~1434)의 문집인《교은집(郊隱集)》에 자세하게 실려 전한다.

〈천상열차분야지도〉와 중성의 수정

태조 때 만들어진 〈천상열차분야지도〉는 류방택에 의해 중성(中星)이 수정되어 제작되었다. 전통시대 천문역법에서 중성은 현대 천문학의 항성시와 동일한 개념으로 계산 방법이 간단하지 않았다. 천문도에서 중성은 매우 중요하다. 중성이란 해가 질 때와 뜰 때 하늘 정남쪽에 보이는 별을 말한다. 하늘 정남쪽을 다른 말로 남쪽 하늘 자오선 위에 위치한다고 하는데, 이를 천문학에서 남중(南中)이라 한다. 따라서 중성이란 남중하는 별이라는 뜻이다.

이성계는 천문관청인 서운관에 명하여 고구려 천문도를 돌에 새기게 하였다. 왕명을 받은 서운관은 이 천문도를 그대로 돌에다 새기는 것은 의미가 없다는 의견을 내었다. 이른바 세차운동에 의해 별의 위치가 고구려 때와 달라졌기 때문이다.

지구는 자전축이 23.5도 기울어진 상태에서 회전하고 있어 세차운동이 발생하는데, 1년이 지나면 관측별은 동쪽으로 약간 이동해 있다. 때문에 관측의 기준이 되는 중성, 즉 일몰과 일출 때 하늘의 자오선을 통과하는 별의 위치가 세월이 흐르면서 변하게 된다. 그러므로 계절에 따라 관측되는 중성의 위치가 바뀐 오차 부분을 새롭게 관측하여 수정할 필요가 있었다. 예를 들어 고구려 천문도에서 입춘날에 '묘수'라는 별이 남중했지만, 1392년 조선 태조 때는 '위수'라는 별이 남중하였다. 결국 서운관은 고구려 천문도 스타일을 그대로 고수하면서, 남중하는 별자리만을 수정하여 천문도를 제작하였다. 이것이 조선 태조 4년에 만든 〈천상열차분야지도〉이다.

조선시대에는 특히 24절기 시각이 들어 있는 날짜에 해가 질 때인 혼각(昏刻)과 해가 뜰 때인 효각(曉刻)에 남중하는 별을 시간의 기준으로 삼았다. 이것을 표로 나타내 정리한 것을 〈중성기(中星紀)〉 또는 〈중성기(中星記)〉라고 하였다. 혼각과 효각은 오늘날의 박명 시각과 비슷한 개념이다. 1654년 이전에는 하루를 100각(刻)으로 나누어 해가 진 뒤 2.5각이 되는 시각을 혼각이라 하고, 해가 뜨기 전 2.5각을 효각이라고 하였다. 또한 혼각과 효각 사이를 야분(夜分)이라고 하며, 이 시간을 5등분하여 각각 1경(更), 2경, 3경, 4경, 5경이라고 하였다.

조선시대 〈중성기〉에는 매 경이 되는 시각에 남중하는 시간권이 어떤 28수(二十八宿)에 들어가며 그 수거성(宿距星)과 몇 도의 적경 차이가 있는지를 계산하여 표로 작성해 놓았다. 그러므로 어떤 절기 무렵 밤 시각에 어떤 별이 남중하는지를 측정하여 시간을 정할 수 있었다.

류방택이 계산한 〈중성기〉가 태조 때 석각된 〈천상열차분야지도〉에 실려 있다. 이를 을해년 중성기라 한다. 을해년은 1395년을 말한다. 세종 때 추가로 만든 석각 천문도는 중성의 위치가 수정된 태조 석각본에 더하여 28수 거성과 12차 교궁수도 등이 추가로 수정되어 완전히 업그레이드된 천문도였다. 따라서 태조본과 비교하여 '신법천문도'라는 이름이 붙여졌다. 이 신법천문도는 태조 석각본과는 차원이 다른 것으로, 성좌의 위치가 완전히 수정된 새로운 천문도였다.

2

천문도를 돌에 새기다

⟨천상열차분야지도⟩의 탄생

──────── ⟨천상열차분야지도⟩는 4세기 무렵 고구려 평양에서 각
석한 천문도 비석의 탁본을 바탕으로 조선 태조 4년인
1395년에 돌에 새긴 천문도이다. 탁본이란 비석에 새겨진 문자를
먹으로 한지에 떠낸 것을 말한다.

가로 122.8센티미터, 세로 200.9센티미터의 돌에 새겨진 ⟨천상
열차분야지도⟩는 현재 경복궁 내에 있는 국립고궁박물관에 가면
볼 수가 있다. 태조 대에 만든 천문도는 종이가 아닌 돌에 새긴 것
이어서 '석각 천문도'라고도 불린다. 295개 별자리와 1,467개의 별
을 그려 넣은 ⟨천상열차분야지도⟩는 1241년 중국 남송시대에 제작
된 ⟨순우천문도⟩에 이어 세계에서 두 번째로 오래된 천문도이다.

▲ 목판본 〈천상열차분야지도〉(서울대학교 규장각한국학연구원 소장).
1395년(태조 4)에 제작된 석각본 〈천상열차분야지도〉는 1687년에 다시 복각되었다. 이 천문도는
1687년 숙종 석각본을 바탕으로 1770년 영조 대에 목판으로 제작하여 인쇄한 것이다. 세계에서
두 번째로 오래된 천문도인 〈천상열차분야지도〉는 2018년 평창 동계올림픽에서 별자리로 형상
화되어 세계인의 주목을 받았다.

〈천상열차분야지도〉는 '하늘의 형상을 차(次)와 분야(分野)에 따라 그린 그림'이란 뜻을 담고 있다. '차'는 태양의 궤도인 황도 부근의 하늘을 12등분한 것을 의미하고, '분야'는 하늘의 별자리를 중국 춘추전국시대 주변 나라들에 배당한 것으로 하늘과 지상 영역을 서로 대응시킨 데서 유래한 것이다.

서양 별자리에 익숙한 오늘날의 관점에서 보면 천문도의 구성은 아주 생소하다. 동양 별자리와 서양 별자리가 완전히 다르기 때문이다. 〈천상열차분야지도〉에는 북반구에서 관측되는 1,467개의 별이 천구의 적도를 중심으로 둥근 원 안에 그려져 있다. 둥근 원형의 한가운데가 천구의 북극이다. 이 북극을 중심으로 북극의 고도에 따른 작은 원이 중앙에 있고, 적도권과 황도권에 해당되는 큰 원이 교차되어 그려져 있다.

조선시대 〈천상열차분야지도〉를 바탕으로 돌에 새겨진 석각 천문도는 총 3번 제작되었다. 태조 4년인 1395년에 석각 천문도가 처음 새겨진 이래로, 세종 15년(1433)에 두 번째 석각 천문도가 새겨졌고, 숙종 13년(1687)에 세 번째 석각 천문도가 제작되었다.

아쉽게도 세종 때 만든 석각본은 유실되어 사라지고 태조 석각본(국보 228호)과 숙종 석각본(보물 837호)만 현재 전하고 있다. 조선 후기에 편찬된 《증보문헌비고》에 따르면, 세종 15년에 만들어진 석각 천문도는 경복궁에 있다가 이듬해 경복궁 강녕전 근처 흠경각에 옮겨졌다고 한다. 이후 흠경각이 화재로 소실되었다가 재건되었는데, 그 안에 있던 석각 천문도는 1592년 임진왜란 때 파괴되었다고 한다. 이후 숙종은 마모되어 잘 보이지 않는 태조 대 석각 〈천상열차분야지도〉를 다시 복각했다.

석각 천문도의 600년 수난사

─────── 돌판에 새긴 천문도는 많은 사람의 흥밋거리가 되기에 충분했다. 그렇지만 천문도를 쉽게 볼 수는 없었다. 세도 있는 양반들은 탁본을 만들어 집에서 하늘을 보는 데 이용하곤 했다. 돌판이 커서 탁본을 만드는 일도 쉬운 일이 아니었다.

선조는 세종본과 똑같은 모양의 목판본을 만들고는 120장을 목판 인쇄하여 2품 이상의 신하들에게 나누어 주었다. 이것을 〈천상열차분야지도〉 목판본이라고 하는데, 120장 중에서 현재는 겨우 한 장만이 남아 있을 뿐이다. 현재 국내외에 남아 있는 〈천상열차분야지도〉 대부분은 숙종 대의 각석에서 탁본하거나 영조 대 목판본이지 선조 대에 만든 목판본은 아니다. 선조 4년에 120장이나 찍은 〈천상열차분야지도〉가 한 장밖에 남지 않고 모두 사라졌다니, 안타까울 뿐이다.

1770년 영조는 1395년 태조 대의 석각 천문도가 아직도 경복궁에 있다는 말을 듣고 호조판서 홍인한에게 명하여 관상감 안에 흠경각을 지어 보관하게 하였다. 영조는 '흠경각(欽敬閣)' 현판 이름을 직접 쓰고 전후 사실을 기록하였다.

1910년 조선왕조가 멸망하고 일제에 의해 경복궁과 창덕궁, 창경궁이 크게 훼손되면서 석각 천문도의 수난이 시작되었다. 수많은 전각과 주요 시설이 사라지고 흩어질 때 석각 천문도를 보존했던 흠경각도 사라졌다. 흠경각이 사라지자 석각 천문도는 갈 곳 없이 이리저리 방랑하는 신세가 되었다.

시간이 지나면서 태조 대의 석각 천문도는 사람들의 기억에서 멀리 사라졌다. 이 석각 천문도가 외국인들에 의해 다시 회자되기 시작했다. 1913년 연희전문대(연세대 전신) 교수로 와 있던 미국 미시건대 천문학과 루퍼스(W.C Rufus, 1876~1946) 교수가 처음으로 석각 천문도를 세계 학계에 소개하였다. 이후 저명한 영국 출신의 과학사가 조지프 니덤(Joseph Terence Montgomery Needham, 1900~1995)이 〈천상열차분야지도〉에 주목하고 연구 논문을 썼다.

〈천상열차분야지도〉 석각본이 한국 학자들에게 본격적으로 조명받기 시작한 것은 1960년대 들어와서였다. 작고한 전상운 교수의 증언에 따르면, 가랑비가 내리는 어느 날 창경원에 소풍 왔던 한 초등학생 가족이 비를 피해 평평하고 제법 넓은 돌 위에 둘러앉아 도시락을 먹고 있었다고 한다. 과학사학자인 고 홍이섭 교수 또한 아이들이 돌 위에 모래를 뿌리고 벽돌 굴리기를 하는 모습을 본 적이 있다고 한다. 당시 관리사무소에 여러 번 민원을 넣었지만 별다른 조치가 없었다.

태조 석각본은 1970년대 홍릉에 위치한 세종대왕기념관 과학전시실 진열장에 보존되기까지 약 10년간 창경원 땅바닥에서 벤치 취급을 받았다. 천덕꾸러기 취급을 받던 천문도 각석이 국보 제228호로 지정된 것은 1985년 8월 9일이었다. 초기 한국 과학사 연구자들의 거듭된 노력이 이룬 결실인 셈이다.

고구려 천문도가 아닌 고려 천문도였다?

─────── 〈천상열차분야지도〉에 등장하는 별자리 중에는 '입성' 혹은 '건성'이라 불리는 별자리가 있다. 입은 '서다'라는 뜻의 '입(立)' 자이고, 건은 세울 '건(建)' 자이니 둘 다 똑바로 세운다는 의미이다. 무엇을 세운다는 것일까? 건성과 입성은 1년을 세운다는 의미이다. 말하자면 1년이 시작된다는 뜻을 지닌 별자리다. 이 별자리는 총 6개의 별로 이루어져 있으며, 붉은 빛깔을 띠고 있다. 건성은 하늘의 깃발을 뜻하기도 한다.

사실, 두 별자리는 동일한 별자리이다. 같은 별자리를 다르게 부른 것이다. 한 가지 흥미로운 사실은 건성이라는 별자리가 태조본 석각 천문도에 '입성'으로 새겨져 있다는 것이다. 반면, 태조본을 토대로 후대에 만들어진 숙종본 석각 천문도에는 '건성'으로 새겨져 있다. 고려시대와 조선시대 건성과 입성은 시기적으로 혼용되었다.

이를 두고 천문학자 안상현은 〈천상열차분야지도에 나오는 고려시대 피휘와 천문도의 기원〉이란 논문에서 고려시대에 태조 왕건의 휘(諱, 이름)인 건(建)을 입(立)으로 피휘(避諱, 왕의 이름에 들어간 글자를 사용하지 않는 관습)한 흔적일 수 있다는 견해를 내었다.

고려시대나 조선 초기에 엄격하게 왕의 이름을 피휘했는가는 확실치 않다. 다만, 태조본 〈천상열차분야지도〉에 건성이 입성으로 쓰여 있었다는 사실은 여러 가지 상상력을 불러일으킨다. 과연 여전히 고려의 신하라 믿는 사람들이 태조 석각본에 건성을 의도적으로 입성이라 새긴 것일까?

〈천상열차분야지도〉와 같은 조선 천문도 일부에서 건성(建星)으로 표기되어야 할 별자리가 입성(立星)으로 표기되어 있음을 근거로 태조 때 만들어진 천문도의 원본이 고구려 시대가 아닌 고려 시대에 제작되었을 가능성이 제기될 수 있다. 이는 고려 왕조의 설립자인 고려 태조 왕건의 이름을 피한, 전형적인 피휘의 형태라는 해석에 근거한 것이다.

〈천상열차분야지도〉에는 12~13세기 중국 남송(南宋) 시대의 책에 나오는 문장이 인용되어 있다. 이러한 내용을 근거로 〈천상열차분야지도〉 원본은 고려 시대에 제작되었고, 조선 초에 성도의 적도환과 중성기만을 수정하고 별자리가 그려져 있는 성도는 원본 그대로 수록한 것으로 추측하기도 한다. 이 주장대로라면 조선 건국세력은 고려의 천문도를 고구려 천문도라고 주장한 셈이 된다.

동양 별자리 3원 28수

─────── 오늘날 별자리라고 하면 흔히 황도 12궁과 같은 서양식 별자리를 떠올린다. 서양 별자리는 하늘에서 태양이 지나다니는 길인 황도대를 12개로 나누면서 시작되었다. 황도 12궁은 물고기자리부터 양자리, 황소자리, 쌍둥이자리, 게자리, 사자자리, 처녀자리, 천칭자리, 전갈자리, 사수자리, 염소자리, 물병자리의 12 별자리를 말한다. 황도 12궁은 황도대를 30도씩 나누어 태양이 어느 별자리를 지나가는지 관찰하기 용이한 별자리 체계이다.

황도 중심의 서양 별자리와 달리 동양 별자리는 북극과 적도를 기준으로 하늘을 나누었다. 북극과 북극 주변을 '3원(자미원, 태미원, 천시원)'이라 불렀고, 바깥쪽인 천구의 적도 근처에 있는 별자리를 '28수'라고 불렀다.

〈천상열차분야지도〉에는 3원 28수의 별자리 명칭과 적도수도(赤度宿度)가 기록되어 있다. 한자 '宿'은 '숙'이라 읽고 '잠자다'라는 뜻을 갖고 있다. 그런데 별 이름을 뜻할 때는 숙이라 읽지 않고 '수'라 읽는다. 고대 중국에서 하늘의 적도를 따라 그 부근에 있는 별들을 28개 구역으로 구분하고, 구역 중 대표적인 별자리를 지정하여 수(宿)라 불렀다.

그러면 '28수'는 어디에서 유래했을까? 왜 여러 숫자 중에서 28이라는 수를 택했을까? 현재까지 정설은 없다. 이런저런 다양한 의견만 분분할 뿐이다. 가장 유력한 해석은 달의 공전주기와 관련짓

▲ 동양의 전통 별자리는 자미원과 태미원, 천시원의 3원과
천구의 적도 부근 28개 별자리로 구성되어 있다.

는 견해이다. 달이 천구 상을 운행하면서 머문다는 의미로 잠잘 숙(宿) 자를 붙여 '28숙'이라 부르다가 별자리인 까닭에 별자리 수(宿)로 의미가 확장되었다는 것이다. 그런데 달은 일정한 속도로 움직이지만, 천문도에 그려진 28수의 간격은 달의 운행처럼 일정하지 않다. 따라서 이 견해 또한 28수의 유래라고 믿기는 어렵다. 그렇다면 28수는 단순히 28개의 별자리를 의미하는 것일까? 그 이상의 의미는 없을 수도 있다. 재미있는 사실은 조선시대 문과 합격자 정원이 33명이었고 무과 합격자 정원이 28명이었다는 점이다. 여기서 33과 28은 천문과 관련된 숫자라 할 수 있다.

특히 33이라는 수는 불교의 우주관이라 할 수 있는 삼십삼천(三十三天)과도 연관이 있다. 불교 우주관에서 세계의 중심은 수미산이다. 수미산은 삼십삼천으로 이루어져 있다. 33은 불교의 우주관에서 비롯된 듯 보이지만, 그보다 앞서 우리 옛 조상들은 3이라는 수를 참으로 좋아했다. 천지인 삼재사상(三才思想)에서 보듯이 3은 우주만상의 수이다. 3이란 숫자는 신성한 완전수이자 변화의 수이다. 음수인 1과 양수인 2가 결합하여 3이라는 변화의 수가 탄생한 것이다. "세 살 버릇 여든까지 간다." "수염이 석 자라도 먹어야 양반이다." "삼천리 금수강산" "삼천 궁녀" "만세삼창" "내 코가 석 자" 등등 3과 관련한 속담도 많다. 양수인 3이 두 번 겹치면 더욱 길한 숫자가 된다. 33은 3보다 더 길한 수이다. 불교의 33천, 문과급제자 33명, 3.1 만세운동 민족대표 33인 등은 우연히 나온 숫자가 아니다.

적도 좌표계인 28수 별자리

천문도에 등장하는 28수는 천구상의 적도 근처에 있는 별자리를 말한다. 천체 관측에서 황도를 중요시했던 서양과 달리 동양에서는 적도를 중시했다. 28수는 고대 동양 별자리에서 하늘의 적도를 따라 그 부근에 있는 별들을 28개 구역으로 구분하여 부른 이름이다. 28개 각 구역의 대표적인 별자리를 '수(宿)'로 정했다.

하늘의 별은 28수를 기준으로 적경을 표시할 수 있으므로 28수는 일종의 적도 좌표계가 된다. 28개의 각 수에는 1개의 대표적인 별을 정해 놓고 있는데, 이와 같은 별을 수거성(宿距星)이라고 한다. 인접한 두 수거성 사이의 거리인 이각(離角)을 '수도(宿度)'라고 하며, 이각은 28수마다 서로 같지 않다. 〈천상열차분야지도〉에는 각 수(宿)의 거성(距星)과 북극을 연결하는 선에 의하여 개개 별의 입수도(入宿度)가 눈으로도 매우 정밀하게 읽을 수 있게 그려져 있다.

28수는 방위에 따라 7개씩 묶어 동서남북 네 방향에 분속시켰다. 28수 중 가장 작은 수는 2개의 별로 된 각·허·실·벽수이고, 가장 큰 수는 22개의 별로 된 익수이다. 사마천이 지은 《사기》 천관서에 28수가 소개되어 있고, 한국의 경우에는 고구려 벽화에 28성수도가 그려진 것으로 보아 꽤 오래전에 전래된 것임을 알 수 있다.

〈천상열차분야지도〉 원형의 별자리 하단에는 이 천문도와 관련한 가장 중요한 내용이 잘 요약되어 있다. 28수 간의 거리인 거극분도(去極分度), 남중하는 별, 즉 24절기의 동틀 무렵과 저물 무렵에 자오선을 지나는 별, 12국 분야(分野) 및 성수분도(星宿分度), 해와 달, 논천설(論天說), 천문도 작성의 역사적 배경과 제작에 참여한 사람들의 관직과 이름, 제작 연도 등이 밝혀져 있다.

28수는 방위에 따라 7개씩 묶어서 4개의 7사(舍)로 구별하여 각각 동·서·남·북의 사신(四神)을 상징하도록 하였다. 천문도의 동서남북은 동짓날 자정의 밤하늘이 기준이다. 따라서 남방7사라고 해서 여름에 보이는 별자리는 아니다. 이 4개의 7사에 속하는 별은 다음과 같다.

- **동방7사: 청룡(봄)**

  춘분날 초저녁 동쪽 지평선 위로 떠오르는 각(角)을 시작으로 차례로 떠오르는 항(亢)·저(氐)·방(房)·심(心)·미(尾)·기(箕)의 별자리

- **북방7사: 현무(겨울)**

  하짓날 초저녁 동쪽 지평선 위로 떠오르는 두(斗)를 시작으로 우(牛)·여(女)·허(虛)·위(危)·실(室)·벽(壁)의 별자리

- **서방7사: 백호(가을)**

  추분날 초저녁 동쪽 지평선 위로 떠오르는 규(奎)를 시작으로 누(婁)·위(胃)·묘(昴)·필(畢)·자(觜)·삼(參)의 별자리

- **남방7사: 주작(여름)**

  동짓날 초저녁 동쪽 지평선 위로 떠오르는 정(井)을 시작으로 귀(鬼)·유(柳)·성(星)·장(張)·익(翼)·진(軫)의 별자리

서양 별자리 황도 12궁

———— 같은 하늘이지만 서양과 동양이 다르게 해석한 이유는 동·서양의 문화적 차이에서 비롯된 것이다. 별자리가 만들어질 때는 관련 신화나 활용 목적, 학문적 배경 등 다양한 요소가 적용된다. 그런 이유로 서양과 동양은 완전히 다른 시작점에서 별자리 문화를 갖게 되었다.

서양은 태양을 중심으로 하늘의 별을 나누었고, 태양이 하늘 어디쯤에 있는가를 보았다. 대표적인 것이 황도 12궁이다. 황도 12궁은 지구 공전에 의한 태양의 겉보기 경로인 황도 전체(360°)를 30°씩 12등분하여 월별로 태양이 위치한 자리에 있는 별자리이다. 황도는 하늘의 별자리를 배경으로 1년간 태양의 이동을 나타낸 것이다. 황도 12궁은 춘분점(봄에 밤과 낮의 길이가 같은 날의 태양의 위치)이 위치한 물고기자리부터 시계 반대 방향으로 양자리, 황소자리, 쌍둥이자리, 게자리, 사자자리, 처녀자리, 천칭자리, 전갈자리, 사수자리, 염소자리, 물병자리 등이다.

서양에서는 오래전부터 자신의 탄생일에 해당하는 별자리를 가지고 점을 치는 데 활용하고 있다. 그런데 지금은 지구 자전축의 회전(세차운동)으로 인해 별자리 위치가 옛날과 많이 달라졌다. 과거 그리스 천문학자 히파르코스가 서기전 130년경에 황도상의 별자리를 12등분한 것과 오늘날 천체의 실질적인 위치는 다르다. 그런데도 오랫동안 이어져 온 과거의 별자리를 이용하여 여전히 점을 보

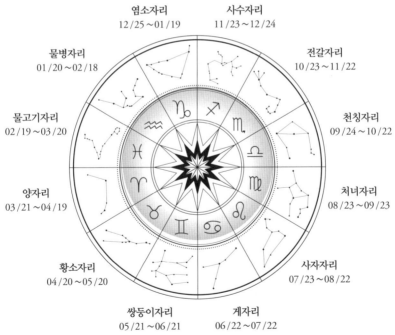

염소자리
12 / 25 ~ 01 / 19

사수자리
11 / 23 ~ 12 / 24

물병자리
01 / 20 ~ 02 / 18

전갈자리
10 / 23 ~ 11 / 22

물고기자리
02 / 19 ~ 03 / 20

천칭자리
09 / 24 ~ 10 / 22

양자리
03 / 21 ~ 04 / 19

처녀자리
08 / 23 ~ 09 / 23

황소자리
04 / 20 ~ 05 / 20

사자자리
07 / 23 ~ 08 / 22

쌍둥이자리
05 / 21 ~ 06 / 21

게자리
06 / 22 ~ 07 / 22

▲ 태양을 중심으로 한 서양의 황도 12궁

고 있다.

별자리로 개인의 운명을 점치던 서양과 달리 동아시아에서는 계절의 변화와 시간을 측정하는 데 별자리를 이용했다. 농업이 주된 산업인 동아시아 문화권에서는 운세를 점치는 점성보다는 기후변화와 시간을 관측하는 의미로서의 별자리가 더 중요했기 때문이다. 농사짓는 시기를 미리 알려주는 것이야말로 통치자의 중요한 정치적 행위이자 덕목이었다. 정확한 시간 측정을 위한 역법(曆法)이 발달한 것도 이러한 배경 때문이라 할 수 있다.

왕은 왜 천문도를 원했을까

———— 우주에는 헤아릴 수 없이 많은 별이 있다. 예로부터 밤하늘의 수많은 별은 무수한 상상력을 불러일으켜 왔다. 어린 시절 천체망원경을 들고 밤하늘의 별을 관측하고 싶다는 소망은 누구나 한 번쯤 가져보았을 것이다.

낮에는 태양빛이 너무 밝아 별을 볼 수가 없다. 별은 불빛에 민감하다. 별이 잘 보이려면 무엇보다 주변이 캄캄해야 한다. 해가 지고 어두워지는 밤이 되어야만 우리는 하늘의 별을 볼 수가 있다.

별은 태양처럼 스스로 빛을 내는 천체를 말한다. 별이 태양처럼 밝게 빛나 보이지 않는 까닭은 태양계 밖 매우 먼 거리에 있기 때문이다. 우주에는 수천억 개의 별이 있다지만, 천체망원경 없이 맨눈으로 볼 수 있는 별은 2,000여 개에 불과하다.

　밤하늘에 빛나는 것은 모두 '별'이다. 별에는 항성과 행성이 있다. 항성은 움직이지 않는 이른바 '붙박이별'이고, 행성은 움직이는 '돌아다니는 별'이다. 태양계에서 항성(Star)은 태양 하나이다. 지구를 포함한 나머지는 움직이는 '행성(Planet)'이다. 행성은 별(항성) 주위를 공전하는 천체로 항성과 달리 스스로 빛을 내지 못한다.

　〈천상열차분야지도〉 천문도에는 별, 즉 항성만이 표시되어 있다. 예나 지금이나 항성이 표시되어 있는 천문도는 천체를 확인하거나 천체관측에 없어서는 안 되는 필수품이다. 그러나 오늘날의 별자리 판인 성도(星圖)와 전통시대 천문도는 제작 목적에서 큰 차이가 있다.

　서기전 2세기경 중국 한나라 때 유학자인 동중서는 '하늘과 인간이 서로 교감한다'는 이른바 '천인감응설(天人感應說)'을 내세웠다. 동중서의 천인감응설은 천문학이 발전하지 않은 시절에 하늘의 현상을 설명하는 이론으로 상당히 설득력이 있었다. 전통시대 동아시아의 군주는 '하늘의 천문 현상을 단서로 삼아 올바른 정치를 펼쳐야 하는 존재'로 믿어졌기 때문이다. 하늘의 현상은 자연현상이 아니라 하늘이 인간 사회에 보내는 메시지로 읽혔다. 특히 제왕의 정치적 행위에 대해 하늘이 상과 벌을 내리는 것으로 믿었다.

　훌륭한 성군이 나올 때는 하늘이 온갖 좋은 일로 화답하고, 제왕이 정치를 잘못했을 때는 재이(災異) 현상을 내려 인간 사회를 견책한다는 이른바 '천인감응설'은 왕도 정치의 요체로 받아들여졌다. 하늘은 두려운 존재였다. 제왕은 하늘의 현상을 하나도 빠짐없이 정확히 알고 있어야 했다. 이를 위해 제왕은 하늘의 지도인 천문도를 필요로 했다.

별자리와 천문도는 언제부터 만들었을까

─────── 인류는 오래전부터 하늘의 별을 관측하고 그것으로부터 천체 운행의 변화를 살펴 인간 사회에 필요한 시간의 법칙을 찾아냈다. 천체 운행과 그에 따른 시간 법칙을 찾아내는 일은 인류 역사가 태동하면서부터 제일 먼저 관심을 기울인 작업 중 하나일 것이다.

천체 운행의 법칙을 발견하는 일에 관심을 가진 인류는 역사적으로 오래전부터 별자리를 체계화하고 이를 그림으로 묘사해 왔다. 오늘날 국제 표준으로 쓰고 있는 88개 별자리는 서양 별자리를 바탕으로 한 것으로 1922년 국제천문연맹에서 정한 것이다. 큰곰자리, 사자자리, 전갈자리, 페가수스자리, 오리온자리, 안드로메다자리 등이 그것이다.

우주에 흩어져 있는 수많은 별을 엮어서 별자리라는 꼴로 이해하는 방식은 서양만의 유일한 것이 아니다. 세계 어느 문명권을 보더라도 나라마다 지방마다 나름의 별자리가 있다. 역사가 오래된 중국의 전통 별자리도 사실은 각 지방의 별자리가 하나로 통합된 것이다.

지금으로부터 약 2,500년 전에 공자가 편집한 《시경(詩經)》이라는 책에도 계명성(啟明星), 대화성(大火星), 형성(衡星), 묘성(昴星), 견우성과 직녀성 등등 여러 별자리 이름이 등장한다. 중국 춘추전국시대는 지리적 혹은 정치적인 이유로 여러 나라로 나뉘어 있던 시기였다. 그러다 보니 사회가 안정되지 않고 혼란스러웠다. 사회가 혼란스러우면 점성술이 발달한다. 불안하기 때문이다. 춘추전국시대 작은 나라들은 각자 정치사회적 필요에 따라 별자리를 창안하였다. 자기 나라의 별을 정해 놓고 별자리에 변화가 생기면 나라에 난리가 난다는 식이었다. 이후 진시황(BC 259~210)이 여러 나라를 통일하면서 다양한 지역의 별자리가 하나로 통합되기 시작하였다.

본격적인 통합을 시도한 인물은 사마천(BC 145?~86?)이다. 사마천은 《사기(史記)》 〈천관서(天官書)〉에 고대 별자리를 대폭 정리하였다. 《사기》 〈천관서〉에 등장하는 118개의 별자리는 고대 중국 별자리에 대한 기록으로는 최초의 것이다. 사마천은 이전까지 산발적으로 내려오던 천상(天象)에 관한 기록을 체계적으로 정리한 인물이다. 사마천은 천상을 이해하고 분류할 새로운 기준이 필요했다. 그는 하늘의 세계와 땅의 세계가 서로 대응한다는 전통적인 관념에 따라 하늘의 별자리를 지상의 황제를 비롯한 관료 체계에 대응시켰다.

사마천에 이어 3세기경 중국 삼국시대 천문학자 진탁(陳卓)이 고대 중국의 별자리를 283개로 총정리하였다. 진탁은 전설의 천문가인 감덕, 석신, 무함 세 사람이 만든 별자리를 모두 정리한 《삼가성경(三家星經)》이란 별자리책과 함께 천문도를 제작했다. 진탁의 별자리는 고구려에도 영향을 주었다. 또한 수나라의 단원자(丹元子)는 총 정리된 별자리의 이름과 위치를 암송하기 쉽도록 〈보천가(步天歌)〉 라는 칠언시를 지었다. 보천가란 '별자리 사이를 산보하며 부르는 노래'라는 뜻이다.

별자리를 그린 그림을 흔히 천문도라 하는데, 천문도라는 이름 외에도 성좌도, 성수도, 성도라는 이름이 사용되었다. 역사상 중국 에서 현존하는 가장 오래된 성도는 돈황지역에서 발견된 일명 돈황 성도 갑본(대영도서관 소장)과 을본(돈황박물관 소장)이다. 만들어진 시 기는 8∼10세기 무렵으로 추정되고 있다.

돈황성도는 적도와 황도가 표시된 과학적인 천문도는 아니다. 과학적 의미가 담긴 최초의 천문도는 북송의 천문학자 소송 (1020∼1101)이 그린 〈소송성도(蘇頌星圖)〉이다. 이 천문도는 중국 최 초이자 세계에서도 최초가 되는 과학적인 천문도라 평가받고 있다.

돌에다 새긴 석각 천문도로 가장 오래된 것은 중국 소주에 있는 〈소주천문도(蘇州天文圖)〉이다. 이 천문도는 원래 1190년에 천문가 황상이 그린 것을 1247년 왕치원이 중국 사천에서 얻어 석각한 것 이다. 돌에 새겼다고 기록돼 있다. 〈소주천문도〉는 송나라 순우 7년 (1247)에 제작되어 '순우천문도(淳祐天文圖)'라고도 불린다. 〈소주천 문도〉에는 중국에서 볼 수 있는 사계절 별이 모두 새겨져 있으며, 이는 동양의 별자리 체계를 갖춘 현존하는 가장 오래된 석각 천문 도이다. 조선 태조 4년(1395)에 제작된 〈천상열차분야지도〉는 〈소주 천문도〉에 이어 세계에서 두 번째로 오래된 석각 천문도이다.

3

태양은 제왕의 상징

태양이 사라졌다, 태양을 구하라

────── 요즘 들어 일식 현상은 일종의 천문 이벤트로 여겨지고 있다. 전통시대에는 태양이 달에 의해서 가려지는 일식이나 달이 태양에 의해 가려지는 월식을 천문 현상으로만 보지 않았다. 태양은 동서양 모두 역사적으로 긍정적인 의미를 지니고 있었다. 때문에 달이 태양을 가리는 일식 현상을 부정적으로 해석하는 경향이 있었다. 일식은 모든 생명력의 원천인 태양을 가리는 이상 현상으로 해석되어 두려움의 대상이었고 흉한 재변으로 인식됐다.

한국뿐만 아니라 세계 문화권에서 대체로 일식은 검은 존재에 의해 태양이 뜯어 먹히는 현상으로 여겨졌다. 예컨대 이집트 신화에서는 일식을 태양신 라(Ra)의 숙적인 아포피스가 라를 삼킨 것으로 그려졌다. 일식에서 다시 태양이 나오는 것은 아포피스에게 먹힌 라가 부활해 아포피스의 배를 찢고 나온 것이라 생각했다. 동양에서는 일식을 용이 태양을 삼키려는 것이라 생각했다. 그 때문에 북을 치는 등 요란한 소리를 내서 용을 쫓는 '구식례(救食禮)'라는 의식을 치렀다. 일식이 끝난 뒤에는 태양을 지켜냈다는 의미에서 축제를 벌였다고 전한다.

우리 조상들은 태양이 제왕을 상징한다고 믿었다. 태양이 달에게 먹히는 일식은 곧 제왕이 빛을 잃는 것이었다. 흉조라 본 것이다. 일식은 강한 음기가 쇠약한 양기를 압도해서 생겨난 현상이었다. 해는 군주를, 해를 가리는 달은 신하를 상징하였다. 신하가 군주의 권능을 침해하고 있을 때 일식이 일어난다고 믿었다. 음인 신하가 양인 군주를 업신여기는 꼴이 곧 일식이었다. 달이 꽉 차서 이지러지지 않으니 아래가 교만한 탓이라 해석한 것이다.

옛 조상들은 일식 현상을 음이 양을 소멸시킨 것으로 여기고 원상 복귀를 위한 의례를 벌였다. 북을 치며 활을 쏘는 등 달을 향해 공격을 하고 제단에는 희생을 바쳤다. 아래가 위를 침범하여 천한 것이 귀한 것을 손상시킨다고 이해했기 때문이다. 북을 치며 공격을 하고 붉은 실로 위협하며 정의에 어긋난 상황을 반전시키고자 했고, 그것이 곧 구식례 의식으로 의례화되었다.

반면 가뭄일 때는 기우제를 올리며 비가 내리기를 수동적으로 요청했다. 가뭄은 일식과 달리 존귀한 양이 비천한 음을 소멸시킨 현상이므로 비록 문제가 심각하더라도 절하며 요청할 뿐, 일식 때

▲ 개기일식의 모습

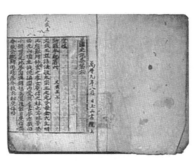 

▲ 일식 기록이 있는 《삼국사기》(국립중앙도서관 소장).
《삼국사기》에는 총 67회 일식 기록이 나온다.

처럼 난리를 치지는 않았다.

한자어로 '일식(日食)' 또는 '일식(日蝕)'은 각각 '해가 잡아먹히다' 또는 '해에 좀이 들다'라는 뜻을 나타낸다. 이런 관점에서 보면, 일식은 일정 시간이 지나면 자연히 회복되는 현상이 아니라 한시라도 빨리 해를 구출하는 의식을 벌여서 없애야 하는 불길한 일이었다.

옛사람들이 천문관측에서 가장 중요하게 생각한 것이 일식이었다. 이는 역사서에 나타난 일식 기록만 봐도 알 수 있다. 《삼국사기》에 67회 일식 기록이 있고, 《고려사》에는 총 138회 일식 기록이 있다. 1392년 조선 개국 이후 1500년까지 약 100년간 모두 46회 일식 기록이 《조선왕조실록》에 남아 있다.

일식과 월식은 초미의 관심사

────── 일식이나 월식 등의 식현상이란 천체의 가림 현상을 말한다. 전통시대에는 이것을 '엄범(掩犯)' 현상이라고 하였다. '엄'은 두 별의 위도와 경도가 같을 때를 의미하며 '범'은 두 별이 서로 접한 상태를 의미한다.

조선시대에도 그 이전 시기와 마찬가지로 식현상에 대한 관측사업이 중요시되었다. 따라서 귀중한 관측 기록이 많이 남아 있다. 예를 들면 《증보문헌비고》에 전해 오는 '월엄범오위'(月掩犯五緯, 달이 행성을 가리는 현상), '오위엄범'(五緯掩犯, 행성들이 서로 가리는 현상),

'오위엄범항성'(五緯掩犯恒星, 행성들이 항성인 태양을 가리는 현상) 등과 같은 기록이 수백 회 이상 나온다.

일식이나 월식 등 식현상에서 기본 관측대상은 달과 행성 간의 가림 현상, 행성 상호 간의 가림 현상, 행성이 항성인 태양을 가리는 현상이었다. 이에 대해 구체적인 시간과 위치, 지속시간 등에 이르기까지 세밀하게 관측하고 자세하게 기록에 남겼다.

식현상에서 가장 중요시된 것은 일식과 월식 현상이었다. 일식과 월식이 천문뿐만 아니라 정치와 관련되어 중요했기 때문이다. 일식과 월식의 관측은 매우 엄격하였다. 일식이나 월식은 최소 세 달 전에 예보해야 하는데, 예보가 틀리면 서운관 관리는 엄한 벌을 받거나 파면까지 될 수 있었다.

일식과 월식 관측은 매우 세밀하게 진행되었다. 어느 달, 어느 날, 몇 시 몇 분부터 얼마 동안 지속되었고 그 크기는 어느 정도이고 어느 쪽에서 가려지고 어느 쪽에서 원상태로 회복되었는가에 이르기까지 세밀하게 관측하여 기록했다.

관측의 정확도 또한 중요했다. 1442년(세종 24) 5월에 천문을 맡은 서운관 관리들이 정확한 관측을 위하여 금강산 일출봉에 올라가서 일식을 관측하였다는 기록도 있다. 이렇게 높은 산에 올라가서 일식과 월식을 관측하는 일은 1440년(세종 22) 7월 이후부터 제도화되어 17~18세기까지 유지되었다.

관측하는 사람이 높은 산에 올라가서 관측하면 옆에 있던 병사가 산꼭대기에서 불붙은 화살을 쏘아 올려 신호를 보냈다. 일식과 월식에 대한 관측 결과는 관측 데이터와 함께 그림으로 그려 왕에게 보고하였다. 이처럼 일식은 천문학적으로는 예정된 것이면서도 가장 열심히 관측하고 성실하게 대응한 재이(災異)였다.

임금이 덕을 쌓으면 일식을 막을 수 있다

───── 일식이 자연현상일 뿐이라고 생각하게 된 것은 18세기 이후에 와서였다. 그 이전에는 임금이 덕을 쌓으면 일식을 막을 수 있다고 믿었다.

조선 2대왕 정종은 경연 자리에서 시강관 전백영에게 "일식은 왜 일어나는가?" 하고 물었다. 왕의 질문을 받은 전백영은 "사람의 일이 아래에서 느껴지는 데 따라 하늘의 뜻이 위에서 응답하여 일어나는 것"이라 답하였다. 국왕이 덕을 쌓으면 일식이 일어나지 않게 할 수도 있다는 의미로 해석한 것이다. 세종도 이러한 생각을 갖고 있었다. 세종은 1424년 11월 경연에서 '일식과 월식에는 규칙성이 있으나 임금이 덕을 닦으면 당연히 일어날 일·월식이 일어나지 않을 수 있다'는 《시경》의 글을 읽고는 "시경의 말이 정말로 옳구나"라고 말했다.

하루는 세종이 《삼국사략》을 읽다가 신라에는 일식이 일어났는데 백제에는 없고, 반대로 백제에서 일식이 일어났는데 신라에는 기록이 없는 것을 발견하였다. 세종은 "혹시 역사가들의 기록이 서로 다르기 때문인가?"라고 신하들에게 물었다. 신하들은 "그렇다"라고 답하고 두 나라의 날씨가 서로 달랐을지도 모른다고 덧붙였다.

중종 2년(1507)에는 설날에 일식이 일어나자 좌의정과 우의정이 책임을 지겠다며 자리에서 물러날 뜻을 보이기도 했다. 중종은 자신의 부덕 때문이지 신하들의 잘못이 아니라면서 허락하지 않았다. 일식을 왕의 부덕으로 본 것이다.

낮에 금성이 보이면 위험하다

──────── 금성은 태양과 달을 빼고 육안으로 볼 수 있는 가장 밝은 행성이다. 그래서 그런지 금성이 낮에 보이는 현상도 왕의 권위를 저해하는 재변으로 여겼다.

금성은 다양한 이름으로 불렸다. 가장 흔하게 사용된 이름이 태백성이다. 태백성 외에도 새벽에 동쪽에서 보인다고 하여 계명성 혹은 샛별이라고도 불렸다. 저녁에 보일 때는 장경성(長庚星) 혹은 우리말로 개밥바라기별이라 했다. 서양에서는 로마 신화에 등장하는 미의 여신인 비너스로 통한다. 메소포타미아에서도 역시 미의 여신인 이슈타르로 일컬어졌다.

사마천의 《사기》 〈천관서〉를 보면 금성은 오방(五方)으로는 서쪽, 오행(五行)으로는 금(金), 오상(五常)으로는 의(義), 오사(五事)로는 말(言)

을 상징한다. 또 금성을 '살벌(殺伐, 사람을 죽이고 정벌하는 것)을 주관하는 별'이라 규정했다.

금성, 연산군도 벌벌 떨게 한 별

──────── 태양빛이 약해지면 금성이 낮에 보일 때가 있다. 아주 밝은 별로 보이기 때문이다. 옛 문헌에 금성이 낮에 뜨는 현상을 '태백주현(太白晝見)'이라 기록했다. 태백주현은 전쟁이나 외척의 발호, 또는 여자의 득세 등으로 해석되었다. 소인들이 정치에 관여하면, 태백주현 현상이 나타난다고 믿은 것이다.

태백성(금성)이 낮에 하늘을 지나가면 천하에 혁명이 일어나서 백성이 왕을 바꾼다. 이에 기강이 흩어지고 백성들이 흩어져 유랑한다(《한서》 천문지).

금성, 즉 태백성이 한낮인 오시(午時, 오전 11~오후 1시)에 정남향의 높은 하늘 위에서 밝게 비추면 이를 경천(經天)이라 했다. 점성술로 해석하면 경천 현상은 흉조 중의 흉조였다. 왕위찬탈이나 전쟁, 혁명이 일어날 조짐이라고 해석했다. 금성이 지나칠 정도로 밝거나 매우 격하게 움직일 경우, 태양이나 달을 범하거나 뚫는 현상(금성일식 혹은 금성월식)이 일어날 때, 수성의 궤도와 겹칠 때도 변란이

56

일어난다고 보았다.

1390년(공양왕 2) 금성이 달을 꿰뚫는 현상이 나타나자 공양왕은 매우 두려워하며 정도전에게 "무슨 재앙이 일어날 조짐이냐"고 물었다. 정도전은 "그것은 중국에서 재앙이 있다는 뜻이니 고려 조정과는 관계없는 일"이라며 안심시켰다. 고려는 2년 뒤 망했다.

태백주현은 자주 나타나는 천문 현상이지만, 재변으로 해석된 까닭에 정치적으로 이용되기도 했다. 조선 초기 130년 동안에 1,231회의 기록이 남아 있다. 태백주현이 가장 많이 나타난 왕대는 중종 대로 연평균 30회 이상이다. 반면, 세종 대에는 가장 적어서 연평균 2회밖에 관측되지 않았다. 이는 관측되지 않아서가 아니라 기록하지 않았기 때문이다. 중종은 신하들에게 휘둘려 제대로 일을 하지 못했고, 세종은 자기 뜻대로 일을 처리했다는 평가와 연관이 있다고 볼 수 있다.

금성이 낮에 나타나는 이변은 특히 연산군 때 자주 나타났다. 각종 사화로 피바람이 불고 혼란스러운 시절이었으니 똑같은 천문 현상도 부정적으로 해석되기 마련이다. 무오사화(1498)가 일어나기 1년 전인 1497년과 갑자사화(1504)가 발발하기 5년 전인 1499년에 금성이 대낮에 나타나는 괴변이 잇달았다.

금성의 움직임은 천문 관측의 최대 관심사였다. 금성을 비롯한 별자리 운행이 조금이라도 이상하면 임금은 전전긍긍했고, 신하들은 '모든 것이 임금이 부덕한 탓'이라고 몰아붙였다. 천하의 연산군도 금성이 백주에 빛을 발하자 두려워서 안절부절못했다. 이때 예문관

봉교 강덕유가 연산군을 향해 서릿발 같은 비판을 하기도 했다.

"근년에 재앙과 변괴가 자주 나타나 지진이 일고 햇무리가 있으며 겨울에 뇌성이 나고 여름에 눈이 옵니다. 게다가 흰 기운이 하늘에 가로지르고 금성이 낮에 보입니다. 변방 백성들이 염병에 걸려 거의 다 죽어갑니다. 이 같은 재앙과 변괴는 어지럽고 쇠퇴한 춘추 전국시대에도 일어나지 않았던 이변입니다."

우연인지는 몰라도 임진왜란과 병자호란 무렵에도 마찬가지 현상이 일어났다. 전쟁 탓에 천문관측 기록이 거의 남아있지 않으나, 임진왜란 전인 1572년(선조 5) 《선조실록》에 "금성이 해를 침범하고 흰 무지개가 하늘을 범했으며 번개와 우뢰가 번쩍댔다"라는 기록이 있다.

혜성을 이용해 승리한 김유신 장군

──────── 금성뿐만 아니라 혜성이 떨어지는 것도 불길한 징조로 해석되기도 했다. 《삼국사기》에 수록된 김유신의 전기 중에 혜성과 관련된 이야기 하나가 전해온다. 진덕여왕 때 비담이 반란을 일으키자 마침 하늘에 큰 혜성이 떨어져 왕과 백성들이 두려워했다는 기록이 있다. 전쟁 중에 혜성이 지는 것은 장수의 죽음을 뜻하는 것으로 불길한 징조로 해석되었다. 밤하늘의 큰 혜성이 떨어지자 군사들의 사기도 땅에 떨어졌다. 김유신은 부하들 몰래

허수아비 연에 불을 붙이고 하늘에 띄워 보냈다. 이 광경은 마치 떨어진 혜성이 다시 하늘로 올라가는 것 같이 보였다. 김유신은 다음 날 별이 다시 하늘로 떴다는 소문을 퍼트렸고 이번에는 반대로 반란군의 사기가 떨어졌다. 결국 김유신의 지혜로 전투에서 쉽게 승리할 수 있었다.

이처럼 밤하늘에 반짝이는 수많은 별 중에서 갑자기 별 하나가 긴 꼬리를 뻗으며 떨어지는 광경은 옛사람들에게는 무한한 신비의 대상이었다. 그 신비로운 장면을 보면서 위대한 인물이 숨을 거두는 듯한 비장한 느낌까지 받은 것이다.

혜성에 대한 우리 조상들의 기록을 살펴보면 고구려 10회, 백제 15회, 신라 32회 해서 모두 57회가 나온다. 이 기록에 대해 중국인들은 우리나라 사람들이 자신들의 관측기록을 베낀 것이라고 우기고 있다. 터무니없는 주장이다. 통일신라 이후의 기록에는 중국에 기록되지 않은 것도 나와 있으며, 오히려 일본과 서구의 관측기록과 일치하는 것도 많이 있다.

4

국가 통치와 시간

백성을 위한 시계를 만들다

────── 조선시대 훌륭한 왕이 되기 위한 조건 중의 하나는 하늘
과 땅의 정립이었다. 하늘과 땅의 정립은 하늘과 땅의
현상과 모습을 제대로 파악하는 것에 달려 있었다. 새 왕조가 들어
서면 왕조의 정통성을 위해 하늘과 땅의 모습을 새롭게 그리곤 했
다. 하늘의 모습이 구현된 것이 천문도이고, 땅의 모습이 구현된 것
이 세계지도다. 조선 건국 후 태조는 〈천상열차분야지도〉라 불리는
천문도를 제작했고 태종은 〈혼일강리역대국도지도〉라 불리는 세계
지도를 제작했다. 하늘과 땅을 가리키는 이른바 건(乾)과 곤(坤)은 음
양처럼 짝이 되어 주요한 통치 이데올로기로 작용했다.

　새 왕조가 들어서면 흩어져 있는 민심을 추스르는 것이 먼저다.

토지 개혁 혹은 세금 개혁이 우선이겠지만, 천문 분야에서도 개혁이 이루어졌다. 백성들이 시간을 스스로 알게 하자는 내용이었다. 조선 태조 이성계는 1395년 한양으로 도읍을 옮긴 뒤 종루(鍾樓)라는 이름의 누각에 큰 종을 걸고 백성들에게 시간을 알려주었다. 이는 굉장히 혁신적인 조치였다. 당시 종루는 서울 한복판인 현재의 종로와 남대문로가 교차하는 네거리에 있었다. 이곳에서 하루의 시작과 마감을 알리는 인정과 파루 때에 종을 쳤다. 그 밖에 도성 안에 큰 화재가 났을 때도 종루의 종을 쳐서 모든 사람에게 알렸다.

종루에 이어 1398년(태조 7) 5월에 물시계인 경루(更漏)가 만들어졌다. 경루가 잘 맞지 않아서 세종이 장영실에게 경점지기를 만들게 했지만, 물시계는 꼭 필요한 시계였다. 해시계를 사용할 수 없을 때, 말하자면 흐린 날과 밤에도 시간을 알려주기 위해서였다. 조선왕조는 금루방(禁漏房)이라는 관서를 종루 옆에 두고 종 치는 일과 물시계 관리를 맡겼다. 이것이 조선왕조 최초의 표준시계이다. 그러나 물시계는 관리를 잘못하면 망가질 수 있어서 일반인들에게는 공개하지 않았다. 금루방을 드나들 수 있는 사람들은 오직 관리들뿐이었다.

종을 쳐서 시간도 알리고
새 왕조가 들어섰다는 것도 알리고

──────── 태조 이성계는 백성들에게 시간을 알려 주기 위해 종을
만들었지만, 새 왕조가 들어섰다는 것을 백성들에게
알리고 싶은 목적이 더 컸다. 백성들이 아름다운 종소리를 들을 때
마다 새 왕조가 들어섰음을 인지하게 할 목적으로 큰 종을 만든 것
이다. 태조는 신하인 권근에게 종을 만들게 된 경위를 기록하고 이
름을 짓게 하였다. 아울러 사대문(흥인문, 돈의문, 숭례문, 숙청문)과 사
소문(홍화문, 서소문, 광희문, 창의문)을 만들고, 종루의 종소리에 맞추
어 문을 열고 닫도록 하였다.

국가가 백성들에게 시간을 알려주는 방법으로 종을 치는 제도는
고대부터 있었다. 시간을 알려주는 데 하필이면 왜 종을 사용했을
까? 종은 멀리 있는 사람도 들을 수 있는 가장 좋은 기구다. 오늘날
한국인들에게 가장 먼저 떠오르는 종을 꼽으라면 경주 에밀레 종과
제야의 종을 타종하는 보신각 종이 아닐까 한다. 에밀레 종처럼 사
찰에서 치는 종이 중생을 깨우치는 방편이었다면, 국가에서 치는
종은 백성들에게 시간을 알려주는 용도였다.

종루에 설치된 종은 시간을 알려줄 때와 화재가 났을 때 울려야
하는 것이지만, 다른 경우에도 종이 울리곤 했다. 백성들 가운데 억
울함을 호소하기 위해 종을 치는 경우가 간혹 있었다. 일종의 신문
고 역할을 한 셈이다. 그러나 위급한 상황이 아닌 개인적인 일로 종

62

이 울리다 보니 혼란스러웠다. 오늘날로 치면 불도 안 났는데 119가 출동하는 격이었다. 이를 방지하기 위해 의금부가 나섰다. 결국 1435년(세종 17)부터 종루의 문을 걸어 잠그고 일반인들이 함부로 종을 칠 수 없도록 했다.

인정과 파루, 통행금지 시간을 알리다

────── 국가 통치에서 시간은 통제의 영역이다. 특히 밤시간을 통제하는 것은 매우 중요했다. 밤을 통제하지 못하면 도둑이 들끓고 적이 침략해도 속수무책일 수 있다. 세종이 물시계 제작에 공을 들인 것도 밤의 시간을 알기 위해서였다.

조선시대 통행 금지 시간을 알려주는 제도가 있었는데 그것이 곧 인정(人定)과 파루(罷漏)이다. 인정과 파루는 일종의 통행 금지와 해제를 알려주는 예비 종소리로, 해가 지면 도성문을 닫고 새벽이 되면 여는 시각을 알려주는 제도이다. 조선시대에는 태종 원년(1401년) 5월부터 시행되었다.

조선시대 수도 한양의 하루는 종루에서 울려 퍼지는 파루 소리로 시작되고, 인정 소리로 마무리되었다. 인정과 파루는 해지는 시각을 기준으로 정해졌으므로 계절에 따라 달랐다. 계절에 따라 밤의 길이가 변하므로 밤낮의 길이를 정확히 계산하고 이것을 바탕으로 밤시간인 5경의 시각을 계산한 다음, 경루를 운영하였다. 경루는 인정과 파루 시각을 알릴 수 있도록 고안된 물시계이다.

인정은 중국에서 유래한 것이지만, 파루는 태종 때 처음 시작된 조선왕조의 고유 제도다. 파루는 '물시계를 그친다'라는 뜻으로 5경 3점인 파루 시각을 알아내면 물시계인 경루가 기능을 다했으므로 운행을 정지하게 된다는 데서 생긴 말이다.

조선시대에는 서울을 비롯한 전국의 요충지와 큰 절에서 종을 쳐서 통금시간을 알렸다. 성문을 닫고 통행 금지의 시작을 알리는 종 또는 그 시간을 인경이라고 했다. 표기는 인정(人定)으로 했으나, 후대에 와서 인경으로 발음했다. 인정에는 밤 10시에 28번 종을 치고, 파루에는 새벽 4시에 33번 북을 쳤다. 파루 때 북을 치던 것도 1469년 예종 1년부터는 종으로 바뀌었다.

광화문 종으로 관리들에게 조회 시간을 알리다

─────── 조선시대에는 북을 두드려서 몇 경(更)인지를, 그리고 징을 쳐서 몇 점(點)인지를 백성들에게 알려주었다. 이를 각각 경고(更鼓), 점정(點鉦)이라 불렀다. 이를 구체적으로 보면 1경 3점부터 북과 징을 치기 시작하는데, 1경이기 때문에 북 1번, 3점이므로 징 3번을 치고 이를 다섯 차례 반복하도록 하였으니 1경 3점에 모두 북 5번과 징 15번을 치는 셈이다. 이런 식으로 5경 3점까지 북과 징을 치되, 마지막 5경 3점에는 북 5번과 징 3번만 치고 이를 반

복하지는 않았다. 그리하여 당시 밤에 울리는 북과 징 소리는 각각 295회와 303회나 되었다. 횟수만으로 보면, 밤에 울리는 북과 징 소리로 잠을 이루지 못할 지경이었다.

시각이 날마다 바뀌는 경점으로 밤의 시각을 나타내는 이유는 시간의 경과를 금방 알 수 있다는 편리성 때문이다. 예를 들어 어느 날 새벽에 인초(寅初) 2각이라는 시간을 안 것만으로는 얼마나 더 지나야 날이 샐지 헤아리기가 어렵다. 그러나 해당 경점이 5경 2점임을 알면 3점 뒤에 어둠이 걷힐 것임을 쉽게 알 수 있다. 게다가 북을 울리는 사람도 어둠이 걷히기 2점 앞선 5경 3점에 치는 파루의 북을 제시간에 울릴 준비를 할 수 있었다.

물론 이러한 제도는 시대에 따라 조금씩 달랐다. 1414년(태종 14) 6월 이전에는 5경 초점에 시보하다가, 이후부터 5경 3점으로 바뀌었다. 1423년(세종 5)에는 인정은 1경 3점 말에 종을 치고, 파루는 5경 3점 말에 치던 것을 3점 초로 바꾸었다. 이후에도 한 차례 더 바뀌었는데 1469년(예종 1)에는 파루 때 북을 33회 치던 것을 아예 종을 치는 것으로 바꾸었다.

시간은 일반 백성들도 알아야 했지만, 중앙의 고위 관원들에게도 매우 중요했다. 특히 왕을 만나는 경우는 더욱 그러했다. 물시계에 시보장치를 두어 궁궐 내에서 관원들이 정확한 시간을 알 수 있게 했다. 궁궐 문의 종은 운종가(현재 종로)에 있는 종루에 전달하는 역할도 하였지만, 동시에 관료들에게 시각을 알리는 중요한 역할을 하였다. 1412년 태종이 창덕궁에 있을 때 돈화문에 종을 달고, 1434

년에 광화문에 종을 달았던 것은 관원들에게 새벽 조회 시간을 알리기 위한 목적이 컸다.

조선 후기에는 창경궁 보루각의 금루관이 매일 오정(12시)과 신시(15~17시)에 승정원과 내각에 직접 가서 시간을 알려 주었다. 시각을 알려 주는 임무는 시동인 주시동(奏時童)이 맡았다. 주시동은 묘시(5~7시)부터 유시(17~19시)까지 근무시간의 시각을 적은 시패(時牌)를 궐내 각사에 꽂아 시간을 알렸다. 과거시험에도 시계가 필요했다. 과거 시험장인 과장(科場)에 시패를 걸어 시권 제출 마감 시간을 알렸다.

종소리와 북소리가 도성 밖에까지 들리지 않는 게 문제

──────── 조선시대 시간을 알려주는 시보는 민간에 대한 통치 수단이었으며 지배층의 시간 관리를 위한 방편이었다. 인정과 파루, 그리고 매 경·점 때마다 밤새 종·북·징을 쳐야 했기 때문에 시보는 보통 일이 아니었다. 밤새 숙직하면서 제때 맞추어 알려야 했고, 도성 전체에서 들을 수 있어야 했다. 시간에 맞추어 북과 징을 제대로 치지 못하는 경우도 간혹 있었다. 예컨대 2경 1점을 초경 2점으로 잘못 알고 북과 징을 치면, 실수한 관원은 문책을 받아야 했다. 그런 의미에서 자동 시보장치를 갖춘 자격루는 매우 편하고 착오를 줄일 수 있는 시계였다.

시간을 전달하는 방법은 대개 이러했다. 일단 관상감의 관원이 궁궐 안 물시계를 보고 시각을 알리면 광화문에 있는 대종고(大鐘鼓)에서 종과 북소리로 시각을 알렸다. 광화문의 대종고와 종루 사이에는 여러 군데에 쇠북인 금고(金鼓)를 설치해 잘 전달되도록 했다. 종루에 있는 종지기는 이렇게 전달되는 소리를 잘 듣고 인정과 파루, 그리고 매 경·점 때마다 온 도성에 들리도록 종·북·징을 크게 울렸다.

종루에서 울리는 종소리가 도성 전체, 나아가 도성 근처 거주민들에게까지 들리도록 하는 것도 어려운 문제였다. 실제로 도성 밖에 거주하는 관리들이 종소리나 북소리를 듣지 못해 제때 출근하지 못하는 일이 있었다. 성문을 지키는 군사가 성문 개폐 시간을 놓쳐 처벌을 받는 일도 많았다. 이러한 사정을 감안해 동대문과 남대문에도 종을 설치해 도성 밖 거주민이 들을 수 있도록 했다. 하지만 동시에 종이 세 군데에서 울려 오히려 혼란스럽다는 지적이 많아 곧 폐지되었다.

조선 시대 내내 이어져 오던 인정과 파루를 근간으로 하는 시보 체제는 고종 대에 이르러 크게 변화하게 된다. 1884년(고종 21)부터 돈화문과 금천교 사이에 대포를 설치하여 종 대신 포를 쏘기 시작했다. 이른바 대포시계가 등장한 것이다. '정오에 오포가 울렸다'라는 말은 이를 두고 하는 말이었다.

1895년(고종 32) 10월 29일부터 인정과 파루에 종을 쳐서 시간을 알려 주는 제도는 완전히 폐지되고 오정과 자정에만 알려주는 것으로 변경되었다. 때문에 정오를 알려주는 소리를 오포라 불렀다. 정오 시간을 북소리로 알려 준다 하여 오고(午鼓), 대포 소리로 알려 준다고 하여 오포(午砲)라 불린 것이다. 1910년(융희 4) 4월 1일에는 한국의 11시를 일본의 12시에 맞추어서 정오 시간을 알렸다. 해방 후에는 정오에 대포 대신 시보용 사이렌을 울렸는데, 이 또한 오포라고 불렀다.

전남 목포시 유달산 중턱에는 전남 문화재 자료 제138호인 조선 시대 오포대가 있다. 오포가 설치되었던 당시 목포에서는 점심때면 "오포 텄다, 점심 먹으러 가자!" 하는 노동자들의 소리와 "오포 텄어, 밥 줘!" 하는 아이들의 소리가 여기저기서 들렸다고 한다.

통금시간에 붙잡히면 '경을 친다'

─────── 인정과 파루 사이에는 도성 안에서 함부로 돌아다닐 수 없었다. 혹시나 돌아다니다 순라군에게 들키면 경수소(警守所) 혹은 순포막(巡捕幕)이라는 곳으로 잡혀갔다가 날이 새면 곤장을 맞기도 했다. 처음에는 초경 때 잡혀도 50대를 맞을 정도로 처벌이 가혹했으나, 나중에는 시각에 따라 차등을 두었다. 예를 들어 초경과 5경에 잡히면 10대, 2경과 4경에는 20대, 3경에는 30대를 맞았다. 통행 금지가 엄격했음을 알 수 있다. 벌이 중한 만큼 도성 전체에 북과 징 소리가 잘 들려야 했다.

옛말에 '경을 치다'라는 말이 있다. 호되게 꾸지람을 듣거나 벌을 서는 것을 은유하거나 혹은 바보 같은 놈을 뜻하는 속담이다. '경을 치다' 할 때 경은 인정과 파루에서 유래한 것이다. 순찰을 도는 순라군이 박달나무 방망이로 딱딱 소리를 내거나 방울을 흔들었기 때문에 순라군이 근처에 있다는 것을 쉽게 알 수 있었다. 그런데도 바보같이 그걸 못 피하고 붙잡혀 순포막에서 순라군 대신 밤새 징이나 북을 쳤다 해서 바보 취급을 했던 것이다.

북이나 징을 제시간에 맞춰 친다는 것은 순라군이 잠 안 자고 근무를 충실히 했다는 표시이다. 순라군이 한밤중에 잠시 눈을 붙일 때 통금 위반자가 대신 징을 쳐주면 곤장을 면하고 훈방되어 나올 수 있었다. 멍청하게 붙잡혀서는 곤장을 면하려고 졸린 눈을 비비며 순라군을 대신해 열심히 징을 쳤다는 뜻으로 '경을 칠 놈'이라고 표현한 것이다.

또 다른 유래도 있다. 경(黥)은 조선시대에 행해졌던 형벌의 하나인 자자(刺字)를 가리키는 의미로 사용되었다. 자자형은 죄인의 얼굴에 죄명을 문신하는 형벌이다. 평생 얼굴에 문신을 새긴 채 살아갈 놈이라는 뜻으로 '경을 친다'는 말이 사용되었다. 오늘날에는 호되게 꾸중을 듣거나 심한 벌을 받는다는 의미로 쓰인다.

종루의 우여곡절

――――― 태조가 지은 종루는 태종 대에 와서 다른 곳으로 옮겨졌
다. 1413년(태종 13)에 종루는 종묘 길가로 옮겨졌다가
다시 지금의 종로 네거리인 광통교의 북쪽 운종가로 옮겨졌다. 지
금의 종루는 태종 때 옮긴 자리인 셈이다. 세종 22년이던 1440년에
태종 대의 종루를 헐고 다시 고쳐 지었는데, 종루 아래로 말과 수레
가 다닐 수 있도록 한 것으로 보아 규모를 크게 늘린 것으로 보인다.
1458년(세조 4)에는 새로 종을 주조하여 종루에 걸었다.

종루는 여러 우여곡절을 겪었다. 1592년(선조 25)에 임진왜란으
로 종루가 불타면서 종루에 걸려 있던 종도 화재와 함께 사라졌
다. 이후 종루는 세종 대의 원형을 찾지 못한 채 지금의 탑골공원
자리인 원각사 옛터에 있던 종으로 대체되었다. 그러다 광해군
대인 1619년(광해군 11)에 종을 보존하기 위해 누각을 새로 지었
는데 누각이 불에 타버려 약 70년 뒤인 숙종 12년(1686)에 다시
건립하였다.

종루는 19세기 고종 연간에 또 한 번 큰 변화를 겪었다. 1869년(고
종 6) 종루가 자리하고 있던 지금의 종로 1가 일대에 대화재가 발생
하여 포전, 지전, 동상전 등 시전(과거 국가에서 운영하던 시장)과 함께
소실되었다가 다시 건립된 것이다. 그 뒤 을미년인 1895년(고종 32) 3
월 15일 고종이 사액을 내려 평범한 종루라는 이름 대신 '보신각(普
信閣)'이란 현판을 건 뒤부터 오늘날까지 보신각이라 불리고 있다.

선조 이래로 사용되어 오던 종도 낡고 오래되어 더 이상 소리를 낼 수 없게 되자 보신각 종은 1988년에 새로운 종으로 교체되었다. 선조 이후에 만든 종은 현재 국립중앙박물관에 보존되어 있다.

낮에는 진각법, 밤에는 경점법

─────── 조선시대에는 십이진각(十二辰刻)을 사용해 낮시간을 나타냈다. 십이진각에서 십이는 십이지를 말한다. '십이지'란 '하늘을 뜻하는 10개의 부호', 즉 천간(天干(= 十干) : 甲乙丙丁戊 己庚辛壬癸)과 짝을 이루는 '땅을 뜻하는 12개의 부호', 즉 지지(地支(= 十二支) : 子丑壬卯辰巳午未申酉戌亥)를 가리킨다.

하루의 시간을 24시간으로 구분한 뒤, 23시부터 01시까지를 '자(子)'에 배정하고 이 시간을 '자시(子時)'로, 01시부터 03시까지를 '축(丑)'에 배정하고 이 시간을 '축시(丑時)'로 부르는 방식으로 각각 '임시(壬時 03~05시)', '묘시(卯時 05~07시)', '진시(辰時 07~09시)', '사시(巳時 09~11시)', '오시(午時 11~13시)', '미시(未時 13~15시)", '신시(申時 15~17시)', '유시(酉時 17~19시)', '술시(戌時 19~21시)', '해시(亥時 21~23시)'로 불렀다. 이렇게 되면 하루의 시간은 계절의 변화와 무관하게 2시간 간격으로 일정하게 배분되고 각각의 고유한 이름을 지니게 된다.

'십이지를 이용한 시간 표시 방법'은 진각법이라 하여 국가에서 각종 행사를 진행할 때나 관리들의 출근과 퇴근 등에 활용되었다. 관리들은 낮의 길이가 긴 하절기에는 '묘사유파(卯仕酉罷)'라 하여 묘시(오전 6시경)에 출근하고 유시(오후 6시경)에 퇴근하였으며, 낮의 길이가 짧은 동절기에는 '진사신파(辰仕申罷)'라 하여 진시(오전 8시경)에 출근하고 신시(오후 4시경)에 퇴근하였다.

위에서 살펴본 '십이지를 이용한 시간 표시 방법'은 하루의 시간이 2시간 간격으로 일정하게 배치되어 시간을 객관적으로 인식하는 데 편리하였다. 그러나 문제는 낮과 밤의 길이가 계절에 따라 일정하지 않다는 데 있었다. 특히 조선시대는 계절 변화에 민감한 농업이 주된 산업이었던 까닭에 계절의 변화에 따라 달라지는 낮과 밤의 시간을 반영할 수 있는 별도의 시간 표시 방법이 필요하였다. 이를 위해 고안된 것이 경점법(更點法)이었다.

진각은 태양이 '자오(子午)의 방위로부터 떨어진 각도'에 의해 결정되므로 계절에 따라 단위의 크기에 변화가 없다. 그러나 경점은 계절에 따라 밤의 길이가 바뀌므로 단위의 크기가 항상 변하게 된다.

경점은 일입 순간부터 일출 순간까지인 야각(夜刻)을 나눠 정한 것이 아니라, 해 질 무렵인 혼(昏)의 순간부터 해가 뜰 무렵인 신(晨)의 순간까지를 등분하여 구성한 것이다. 옛날에 밤 시각을 5단위로 등분하여 오후 8시 전후를 1경 또는 초경, 10시 전후를 2경 또는 인정(경), 12시 전후를 3경, 새벽 2시 전후를 4경, 4시 전후를 5경이라 하였다. 각각의 경은 다시 1점(點), 2점, 3점, 4점, 5점으로 세분하였다.

왕은 왜 백성들에게 시간을 알려주려 했을까

──────── 한국과 중국의 역대 왕조들은 왜 시간을 독점적으로 측
정하고, 백성들에게 시간을 알려주고자 했을까? 그것
은 지상 세계를 지배하는 왕의 권력이 하늘에서 나온다는 믿음 때
문이었다. 동아시아 사회에서 왕은 인간 세상은 물론이고 온 우주
를 관할하며 하늘을 대리해서 지상 세계를 다스리는 존재였다. 따
라서 하늘로부터 부여받은 명(命)인 천명(天命)을 받은 자만이 왕이
될 수 있었다. 쿠데타를 일으켜 정권을 잡고 이전 왕조를 무너뜨려
스스로 왕위에 오르려면, 이전 왕조의 천명이 소멸되고 새로이 천
명을 받았음을 온 천하에 증명해 보여야 했다. 천명을 바꾸는 정치
적 변동을 '혁명(革命)'이라 부르는 이유가 여기에 있다.

천명을 새로 부여받았음을 보여주는 방법은 다양했다. 그중 하
나가 시간의 측정과 보시였다. 시간은 하늘에 있는 천체들의 규칙
적 운행을 관찰해서 얻는다. 그렇다면 시간이란 온 우주를 관할하
는 하늘이 인간에게 주는 것이 된다. 새 제왕이 하늘이 주는 시간을
독점적으로 장악했다는 것은 천명을 부여한 하늘과 천명을 받은 왕
사이의 밀접한 연결을 보증하는 상징이다.

'관상수시(觀象授時)', 즉 천문을 관측하여 때를 알리는 일은 제왕
의 임무이자 정치적 권력의 표상으로 점차 관념화되어 갔다. 대표
적인 것이 표준시간을 제정하는 일이었다. 시간을 통일하는 것은
중앙집권적인 통일왕조에서는 당연한 일이었다.

정확한 표준시계는 예외 없이 왕이 정무를 보는 편전 가까이에 있었다. 물시계인 자격루가 있던 경복궁 보루각은 왕이 정무를 보던 사정전 서쪽 근처인 경회루 남쪽에 있었다. 광해군 대의 창경궁 보루각은 왕의 집무실인 문정전의 문정문 밖 가까이에 있었다. 숙종조의 창덕궁 제정각에는 자동시보장치가 부착되어 있던 선기옥형이 있었는데, 제정각 또한 왕의 집무실인 희정당 남쪽 행랑에 있었다. 북쪽 계단에는 해시계를 두고 건물 안에는 물시계를 두었다. 선기옥형이 있던 경덕궁 규정각은 영조가 집무실로 이용하던 흥정당 동쪽 가까이에 있었다. 창덕궁 제정각과 경덕궁 규정각에 있던 선기옥형은 현종 때 이민철(1631~1715)이 만들어서 어좌 옆과 홍문관에 두었던 대·소형 장치를 옮겨와 개수한 것이었다. 지방의 경우 시계가 보내진 곳은 대개 임금이 나들이 때에 머물던 별궁인 행궁(行宮)이었다.

고대 국가가 등장하면서 시간을 알려주는 일은 국가 차원에서 이루어졌다. 시간의 관리가 권력화된 것이다. 예를 들어 삼국시대에는 '일자(日者)' 혹은 '일관(日官)'이라 불리는 천문관리가 있었는데 이들의 주 업무는 해시계를 관리하는 것이었다. 삼국시대부터 역대 왕들은 시간을 독점적으로 관리하고 시보를 통해 백성들의 생활을 통제했다. 백성들은 국가에서 알려주는 시간에 맞춰 일상생활을 영위해 나갔다.

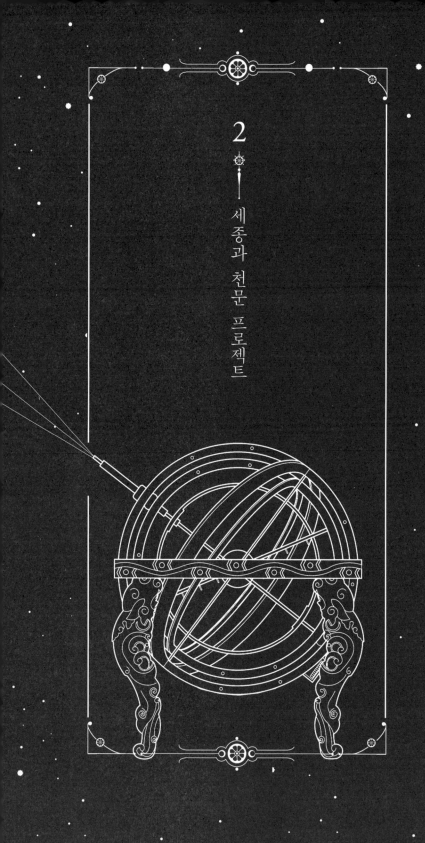

2

세 종 과 천 문 프 로 젝 트

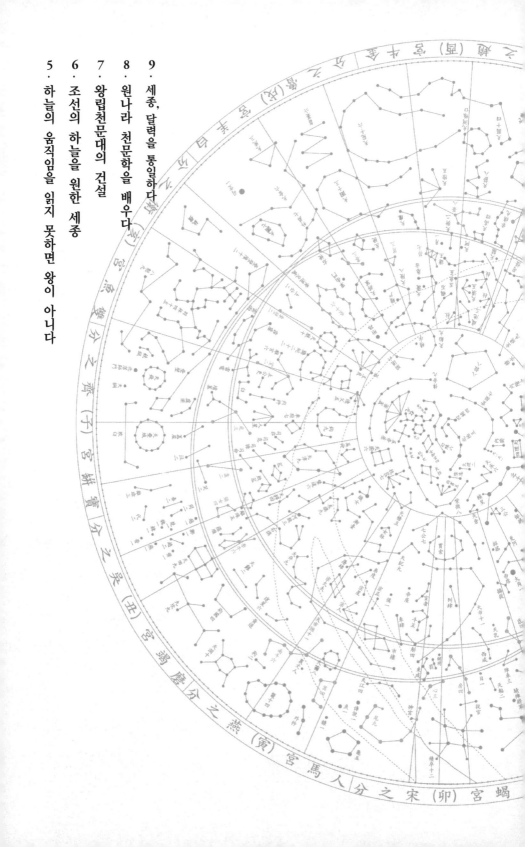

5

하늘의 움직임을 읽지 못하면
왕이 아니다

이방원에 대한 선입견

사람을 파악하는 데 있어 선입견만큼 판단을 흐리게 하는 것도 없다. 역사적 인물은 더욱 그렇다. 일반적으로 떠올리는 태종의 이미지는 무인이다. 역사 드라마에서 태종은 다소 성격이 거칠고 무예에만 능한 인물로 그려진다. 그러나 그는 무예보다 학문을 더 좋아한 인물이었다.

태종의 이름은 이방원이다. 그는 고려 말인 1367년(공민왕 16)에 함경도 함흥에서 태조와 신의왕후 한씨 사이에서 다섯째 아들로 태어났다. 이방원은 형제 중에 가장 똑똑했다. 어릴 때부터 남달리 총명하여 부친인 이성계의 사랑을 듬뿍 받고 자랐다. 이방원은 불과

17세에 문과에 병과(조선시대에 과거 합격자를 성적에 따라 나누던 세 등급 가운데 셋째 등급)로 과거 급제했다. 소년 등과인 셈이다. 태종이 매우 총명하기도 했지만, 부친의 전폭적인 지원을 받지 않고는 힘든 일이었다.

이성계는 무인 중의 무인으로 공부는 많이 하지 못했다. 그는 무인 집안에 학자가 한 명쯤 있으면 좋겠다고 생각했다. 똑똑한 아들인 방원에게 특별히 학식이 높은 선생님을 붙여주고 여러 선비 학자들과 교류할 수 있게 해 주었다. 그러나 방원은 글만 읽는 샌님은 아니었다. 그에게는 아버지 못지않은 무인의 기질도 있었고, 큰 야망이 있었다.

1383년(우왕 9) 과거에 급제하고 벼슬길에 나간 이방원은 1388년(창왕 원년)에 당대 대학자인 이색(1328~1396)을 모시고 서장관이라는 직책으로 명나라에 다녀왔다. 서장관은 중국에 파견된 사신으로 외교문서나 관련 사항을 기록하는 임무를 맡은 직책이다. 서장관은 특히 글씨를 잘 쓰고 잘 짓는 사람이 맡았다. 이러한 전력으로 볼 때 이방원은 문무를 겸비한 인물이라 보는 것이 타당하다.

이방원은 훗날 정몽주를 살해하여 부친인 이성계를 왕으로 추대하는 데 큰 공을 세웠다. 그러나 정도전의 견제로 개국공신에도 들지 못하는 수모를 겪는다. 이러한 때에 아우 방석이 세자에 책봉되고, 자신의 세력 기반인 사병마저 혁파될 위기에 처하자 왕자의 난을 일으켜 정도전, 남은 등을 제거하고 정치적 실권을 장악했다. 이방원은 1400년(정종 2) 동복형제 방간이 주동이 된 제2차 왕자의 난을 진압하고 세자에 책봉된 후 왕위에 올랐다.

태종은 통찰력뿐만 아니라 정치적 수완이 뛰어난 인물이었다. 장인인 민제가 외척으로 권력을 누리자 과감하게 제거했다. 왕위를 양위한 후에도 아들 세종의 장인인 심온을 병권 남용의 죄를 들어 처형했다. 왕위를 위협할 수 있는 요소를 제거하는 데는 피를 나눈 형제도 인척도 가리지 않았다.

과감했지만, 하늘의 현상에 민감했던 태종

─────── 세종이 정치를 잘할 수 있었던 배경에는 부왕인 태종이 걸림돌이 될 수 있는 인물들을 제거한 정치적 과단성도 한몫했다. 그렇지만 태종은 동생을 비롯하여 친인척들을 살해한 죄책감과 왕위계승의 정통성 문제 등으로 왕위에 있는 동안 상당한 심적 고통을 겪었다. 그런 이유 때문인지 태종은 하늘의 재이에 민감했다.

하늘이 재이로써 경고하니 스스로 반성하지 않을 수 없다. 교서를 반포하여 조언을 구하고 신료들과 더불어 두려워하고 조심하는 뜻을 함께 하려고 한다.

─태종 3년(1403), 8월 20일, 《태종실록》

태종 대에는 유독 가뭄이 극심했고, 천문과 기상 이변도 자주 일어났다. 이런 탓에 태종은 스스로 자책하는 일도 많았지만, 한편으로 이를 통해 정치적 입지를 다지기도 했다. 왕위에 오른 지 3년 뒤인 1403년 8월 20일(음력)에 달이 필성(畢星)이라는 별을 가리자, 태종은 서운관판사인 장사언을 불렀다.

"지금 달이 필성을 가리고 있는데, 이는 불길한 징조가 아닌가?"

필성은 동양의 28수 별자리 중 하나인 필수(畢宿) 가운데 가장 밝은 별로 오늘날 황소자리에 해당하는 별이다. 예로부터 필성이 달에 가리어 빛을 잃게 되면 나라가 힘이 약해져 난이 일어난다는 해석이 있었다. 말하자면 조선이 망하는 징조라고 해석할 수 있는 천문 현상이었다.

"예로부터 달이 필성을 가리면 군사를 일으키는 일이 생긴다는 말이 있습니다. 그러나 어젯밤에 달이 필성을 가린 땅은 유방(酉方, 24방위 중 하나) 지역이니 우리나라 땅이 아닙니다, 전하!"

장사언은 좋은 말로 태종을 달랬다. 장사언이 물러간 뒤에도 불안감이 가시지 않았던 태종은 관련 서책을 찾아 사실을 확인하고 또 확인했다. 1409년(태종 9)에도 하늘에 이상한 변고가 보이면서 비바람이 몰아치고 낙뢰와 홍수로 사람이 많이 죽자 태종은 탄식했다.

"이 모든 것이 내가 부덕한 탓이로다."

태종은 누구보다 냉철한 인물이었지만, 자신이 저지른 과오 때문에 하늘의 재이현상에 민감했고, 그럴 때마다 두려워하며 근신하였다. 조선시대 역대 왕 중에서 재이현상을 단순한 자연현상으로 이해한 왕은 거의 없었다. 그 가운데서도 태종은 누구보다도 하늘이 재이를 내려 인간을 꾸짖는다는 전통적인 천견사상(天譴思想)을 굳게 믿은 왕이었다.

'하늘의 뜻'을 의심한 세조

전통적으로 우리나라 역대 왕조들은 천체를 관측하고 시간을 파악하여 한 해의 달력을 만드는 일을 중요하게 생각했다. 아울러 혜성이 관측된다거나 일식이 발생하는 등 하늘에서 일어나는 현상을 국가의 중대사와 연결하여 특별한 해석을 하였다. 그 이유는 하늘의 현상이 국가나 지배자의 운명과 깊이 관련되어 있다는 전통적인 천인감응설(天人感應說)과 재이설(災異說)의 영향 때문이다. 그 배후에는 유교적 정치론으로서의 천명(天命) 사상이 자리하고 있었다.

자연의 재이현상을 단순한 자연현상으로 보지 않고 하늘이 내린 징벌로 해석하기 시작한 것은 그 기원이 오래되었다. 공자는 《노사(魯史)》에 이어 《춘추(春秋)》를 지으면서 일식과 성변(星變, 별의 위치나 빛에 생긴 이상 현상)을 모두 그대로 두고 삭제하지 않았다. 하늘의 현상을 매우 중요시했기 때문이다. 공자의 유교적 천문 관념을 바탕으로 우리 조상들도 천문 현상에 관한 기록을 많이 남겼다.

주역에서 말하기를, 하늘이 형상을 드리워 길흉을 나타내자 성인(聖人)
이 이를 본받았다.

－《고려사》 천문지

《고려사》를 편찬한 사람들은 하늘의 형상이 길함과 흉함을 모두
나타낸다고 보았다. 1708년 최천벽(崔天璧, 1640~1713)은 고려왕조
475년간의 천문 기록을 종합정리한 《천동상위고(天東象緯考)》라는 책
을 지었는데, 그는 이 책에서 고대 제왕들의 천문 관측은 '하늘을
공경하고 세상을 다스리기' 위한 목적에서 이루어진 것이라 하였
다. 그는 이 책을 편찬하는 이유를 국왕의 수성(修省)과 격치(格致), 즉
수양과 격물치지 공부에 도움을 주기 위해서라고 했다. 최천벽은
천재지변 현상은 임금의 정치가 잘되고 못되는 것을 경계하는 조짐
이라 보았다.

조선 천문학을 크게 발전시킨 세종 또한 하늘이 인간을 견책한
다는 이른바 '천견(天譴) 사상'에서 자유로울 수 없었다. 세종 2년 10
월 보름날에 지진이 크게 일어난 적이 있었다. 20일 뒤에는 불길하
다는 혜성마저 동쪽 하늘에 나타났다. 이 사실을 전해 들은 세종은
깜짝 놀라 직접 첨성대에 올라갔다. 하늘이 꾸지람을 내렸다고 여
긴 것이다. 세종은 첨성대에서 하늘을 면밀하게 관측하였다. 혜성
을 확인한 세종은 신하들과 함께하는 조회를 멈추고 반찬 가짓수를
줄이는 등 근신하는 생활을 이어갔다. 풍악 소리를 멈추게 하였고
죄수를 사면하는 등 다양한 조처가 이어졌다. 조선 역대 왕 중에서

세종은 하늘을 가장 공경한 왕이라 할 수 있다.

하늘을 공경한 세종과 달리 세조는 왕이 근신한다고 해서 혜성이 사라진다고 보는 것은 지나친 해석이라고 생각했다. 1455년 왕위에 오른 세조는 신하들과 함께 송나라 태조에 대한 역사 공부를 하다가 '혜성이 동정(東井) 지역에 나타나니 황제가 정전(正殿)을 피하고 반찬 수를 줄이며 대사면령을 내리니 그날 저녁에 혜성이 소멸하였다.'라는 구절을 읽게 되었다. 세조는 이 구절에 의문을 품었다.

"역사란 사실에 부합하는 글이지만, 이를 기록한 자는 지나치다. 하늘이 어떻게 이렇게 빨리 반응할 수 있단 말인가?"

이때 시독관 홍응이 왕의 물음에 대답했다.

"이 내용에서 왕이 몸을 닦고 반성하면 재앙을 소멸하게 하는 이치를 읽을 수 있습니다."

"어찌 왕이 반성한다고 혜성이 소멸한다는 말인가?"

"하늘과 사람은 이치가 같아서 감통과 신묘함을 속일 수 없습니다."

"내 생각엔 후세의 왕을 경계하려고 쓴 것에 불과한 말이다."

역시 쿠데타를 일으켜 권좌를 차지한 세조다운 발상이다. 그는 왕이 혜성의 소멸을 위해 근신해야 한다는 해석이 맘에 들지 않았을 것이다. 세조와 신하들이 나눈 대화를 지금의 시각으로 보면 실소를 머금게 된다. 그렇다고 평가절하할 일도 아니다.

백성을 잘 다스려 태평성대가 실현되면 하늘은 왕의 지위와 정책을 인정하는 어떤 징조나 표상을 내리는데, 이것을 상서(祥瑞)라고 한다. 조선 초기에는 상서는 무시되고 재이가 중심이었고, 이를 위해 왕의 수성(修省), 즉 덕을 강조하였다. 대응책은 제사 의식의 거행, 피전(避殿), 감선(減膳), 죄수 방면, 구언 등이었다.

피전은 자신의 부덕을 반성하고 과실을 성찰하는 의미에서 왕이 정전에 나가지 않고 별전에서 정무를 보는 일종의 재변 의례를 말한다. 감선은 반찬의 수를 줄여 하늘에 근신하는 태도를 보이는 것이다. 이러한 인식은 수명(受命) 군주로서 왕권의 정통성과 간쟁의 근거를 확보하는 긍정적인 기능도 있었다고 볼 수 있다.

연산군은 신료의 간쟁에 대하여 음양론을 바탕으로 왕권이 신권에 견제되어 재이가 나타나는 것이라 강변하였다. 갑자사화 이후에는 천재를 자연현상일 뿐이라 하여 하늘의 견책으로 받아들이지 않았다.

조선 후기에도 여전히 군주는 천명의 대행자라는 전통적인 군주관과 천인합일의 정치적 이상을 버리지는 않았다. 18세기에 들어와 서양과학의 수용과 천체론에 입각한 일식·월식의 설명과 정확한 예측 등으로 자연관이 변화하면서 천인감응론에 바탕을 둔 재이론은 점차 극복되어 갔다.

제후국 조선은 독자적인 시간을 가질 수 없었다

───── 공자가 편찬한 《서경(書經)》은 동아시아의 정신적 관념과 지식 세계를 지배한 대표적인 책이다. 중국 고대의

이상적인 성군들의 모범적인 정치사상과 정치 행위를 기록한 책으로 동아시아 정치사에 절대적인 영향을 미쳤다.

《서경》맨 처음에 등장하는 임금은 중국 고대에 이상적인 국가를 건설한 요임금과 순임금이다. 두 사람은 후대 모든 제왕이 모범으로 삼았던 성군 중의 성군이었다. 그러한 두 성군이 왕위에 올라 가장 앞서서 한 일이 바로 '관상(觀象)'과 '수시(授時)'였다. 관상은 천문을 관측하는 것을 말하고, 수시는 시간을 관측하여 백성들에게 알려주는 것을 말한다.

《서경》순전(舜典)에 "순임금이 선기옥형을 창제하사 일월오성의 천체 운행을 가지런히 하였다"라는 내용이 있다. '선기옥형'이란 '혼천의'의 다른 이름으로 고대의 이상적인 천문관측 기구이다. 순임금은 요임금에 이어 천문관측 기구를 만들고 이를 통해 천체의 운행을 관측하게 한 임금이다.

요·순 두 성군이 관상과 수시를 제왕으로서 마땅히 앞서서 해야할 책무로 규정한 이후로 동아시아 정치사에서 관상과 수시는 천문학적인 활동일 뿐 아니라 고도의 정치적 사안으로 부상했다. 새로운 왕조가 들어설 때는 거의 필수적으로 천문 전문가를 동원해서 '새로운 관상과 수시 시스템', 즉 새로운 역법을 제정해 반포했다. 천문이 지닌 정치적 권위를 이용한 것이다.

동아시아 전통 사회에서 시간을 측정하고 시보하는 '수시'는 제왕의 독점적 권한으로 국가 통치와 밀접한 연관이 있었다. 동아시아의 전통 천문학을 '궁정 천문학' 혹은 '왕립 천문학'이라 부르는 것도 이러한 특징 때문이다.

과거 동아시아에서 하늘의 일은 천자만이 알 수 있는 것이었고 또 천자만이 대응할 수 있는 것이기도 했다. 조선과 명은 제후국과 천자국이라는 이른바 사대 관계였다. 제후국인 조선이 하늘을 관측하고 이에 따라 달력을 만든다는 것은 사대의 예를 거스르는 일이었다. 제후국 조선이 독자적인 역법(曆法)을 가진다는 것은 종주국에 대한 저항이나 마찬가지였다.

건국 이후 조선은 명나라의 시간을 쓰고 있었다. 조선시대 동지사행이라 불리는 사행은 명 황제가 반포해주는 달력을 받기 위해 연경(현재의 북경)으로 간 사행을 말한다. 명 황제가 내려주는 달력이 조선에 도착해야만 거기에 맞춰 날짜와 절기, 일출·일몰 시간을 백성들에게 알려줄 수 있었다.

문제는 명나라 수도인 연경과 조선의 한양이 서로 위도가 달라 절기 시각과 일출·일몰 시간이 다르다는 데 있었다. 원나라 지배기간 동안 고려는 천문 분야의 발전이 어려웠다. 정치적으로 불안정했기 때문에 과학까지 신경 쓸 겨를이 없었다. 하지만 조선이라는 새 왕조는 그것이 가능했다. 세종 대에 와서 조선은 우리 형편에 맞는 천문 의기 제작 사업을 독자적으로 실현할 계획을 구상할 수 있게 되었다.

나라가 안정되려면 백성의 삶이 안정되어야 한다. 백성의 삶은 경제와 직결된다. 조선시대 경제는 곧 농업이었다. 예나 지금이나 농업에서 가장 중요한 것은 바로 기후이다. 벼를 재배하는 데 있어 기후는 절대적이다. 그런데 기후는 인간의 일이 아닌 하늘의 일이었다.

농업인구를 확보하고 농업생산력을 증대하는 문제야말로 국가운영의 핵심 사안이었다. 국가경영이라는 관점에서 보면, 농업기술의 개량과 발전, 농서의 보급과 농업에 영향을 주는 기상 여건을 파악하는 문제가 중요했다. 이런 이유로 조선 초기부터 기상 관측을 체계화하려는 노력이 계속되었다. 측우기를 만들어 강우량을 측정하고, 하천의 수위를 측정하기 위한 수표, 바람의 변화를 측정하는 풍기 등을 제작하고 활용했다.

경천애민, 즉 하늘을 공경하고 백성을 위한 정치에 힘쓰는 것은 서로 별개의 것이 아니었다. 하늘의 뜻에 부합하는 정치가 곧 백성을 위한 정치와 다르지 않았다. 이 이치를 제대로 이해한 왕이 세종이었다. 백성들의 불편을 해소해 주는 것이야말로 하늘을 공경하는 것이었다.

6

조선의 하늘을 원한 세종

예보보다 늦어진 개기일식

——— 1422년 정월 초하루 오후, 창덕궁 인정전 뜰 앞에는 소복을 입은 세종과 신하들이 모여 있었다. 구식례를 하기 위해서였다. 통치자 입장에서 왕을 상징하는 해가 가리어지는 일식은 불길한 징조였다. 따라서 해가 다시 나오길 기원하는 구식례는 일식이 일어나면 꼭 해야 하는 국가 의식이있다. 일식은 재앙을 의미하므로 이를 예방하기 위해 일식이 일어나는 동안 왕을 비롯한 백관들은 소복을 입고 북을 울렸다.

일식이 있으므로, 임금이 흰 소복을 입고 창덕궁 인정전 월대 위에 나아가 구식례를 하였다. 여러 신하들도 소복을 입고 구식례를 하니 해가 다시 빛이 났다. 임금이 섬돌로 내려와서 해를 향하여 네 번 절하였다. 일식 예보를 잘못한 천문관리 이천봉에게 곤장을 쳤다.

-《세종실록》 권2, 세종 4년(1422) 1월 1일

세종 4년 음력으로 1월 1일에 일어난 일식은 달그림자가 해를 완전히 가리는 개기일식이었으며, 우리나라 전역에서 관찰할 수 있었다. 하지만 그날 행사에서 약간의 문제가 있었다. 기상 관측을 담당하는 서운관이 예보한 시간보다 15분이나 늦게 일식이 시작되었기 때문이다.

이 날의 일식은 3개월 전에 이미 예보가 되어 있었다. 담당자는 천문관리 이천봉이었다. 예보한 시각이 되어도 일식이 일어나지 않자 세종과 신하들은 초조한 표정을 지었다. 잠시 후 태양의 서쪽 부분부터 낮달이 겹치기 시작하면서 태양이 초승달 모양으로 변해갔다. 세종과 신하들은 숨을 죽이고 그 광경을 지켜보았다.

15분이 늦었지만, 그래도 일식이 일어났으니 다행스러운 일이 아닌가 싶다. 하지만 실상은 그렇지 않았다. 일식이 늦어진 것은 불길한 징조로 왕이 하늘을 공경하지 못하고 반성하지 못한다는 의미로 해석됐기 때문이다. 결국 일식 예보를 담당한 이천봉은 곤장형에 처해졌다. 그러나 그건 이천봉의 잘못이 아니었다. 세종 초만 해도 명나라에서 받아 온 역법으로 일식 시간을 추정했는데, 중국과 우리나라의 시차 때문에 일어난 일종의 해프닝이었다. 이 일을 계기로 세종은 '조선은 중국과 다르다'는 사실을 깨닫고 우리 현실에 맞는 천문 체계를 정비하기 시작했다.

첨성대를 설치하다

———— 세종의 천문 사업에 대해 가장 잘 기록되어 있는 책이 《세종실록》이다. 이긍익이 쓴 《연려실기술》에도 주목할 만한 내용이 담겨 있다. 이 기록들에 따르면, 세종은 즉위한 지 2년 뒤인 1420년에 경복궁에 내관상감(內觀象監)을 설치하고 첨성대(瞻星臺)라는 이름의 관측대를 세웠다.

첨성대라고 하면 대개 신라 선덕여왕 때 만든 경주에 있는 첨성대를 떠올린다. 우리 역사에서 경주 첨성대 외에도 평양에 첨성대가 있었다는 《세종실록지리지》의 기록이 있다. 천문 관측대는 고구려와 신라, 고려를 거쳐 조선에도 설치되었다.

세종은 첨성대를 만들기 위해 전 관상감정(觀象監正) 이무림에게 천문과 산수에 특출한 사람을 뽑아 올리라고 지시했다. 이때 이무림이 추천한 인물이 정영국·최천구·박유신·김흥국·이대정·정강 등 6명이다.

천문관측은 밤낮없이 24시간 하늘을 지켜보는 것이 주된 일이다. 그러다 보니 천문가들의 고충이 이만저만이 아니었다. 세종은 추천받은 천문가들만으로는 부족하다고 생각했다.

"천문관 윤사웅이 실력이 있다고 들었다. 오늘 안으로 그를 어서 불러들여라."

"전하, 그는 지금 궁궐에 없고 고향에 낙향해 있습니다."

"고향이 어딘가?"

"전라도 장흥입니다."

"역마를 타고 올라오라 하라. 내일 중으로 내가 만나봐야겠다."

천문관원이었던 윤사웅은 태종 대에 관상감정이라는 직책을 맡고 있다가 관직에서 물러나 고향인 전라도 장흥에 낙향해 있었다. 천문학 진흥을 위해서라면 물불 안 가리는 세종이었다. 세종은 역마(驛馬)를 타고서라도 하루 만에 서울로 올라오라 할 정도로 윤사웅을 급히 불러들였다.

진용이 갖춰지자 세종은 이들에게 첨성대에서 천문을 관측하는 일을 시켰다. 잘 알려져 있다시피 신하들이 열심히 일하는지 안 하는지 몰래 지켜보는 일은 세종의 전매특허였다. 세종은 몰래 첨성대에 행차하여 천문관들이 일하는 모습을 지켜보곤 했다. 윤사웅이 밤을 새우며 일하는 모습을 보게 된 세종은 그에게 술을 따라주며 격려했다. 반면 천문관 박유신이 당번 날인데도 근무를 서지 않은 것을 알고는 그를 옥에 가두고 여러 차례 형벌까지 내렸다. 세종은 그것도 성에 안 차 박유신을 멀리 거제도로 귀양 보내고는 끝내 부르지 않았다. 천문을 관측하는 일이 실로 가볍지 않다고 생각했기 때문이다.

잠들지 못하는 천문관들

────── 1420년(세종 2) 10월 15일에 지진이 일어났다. 그로부터 5일 뒤 혜성이 관측되었다. 보고를 받은 세종이 몹시 놀라 혜성을 관측하러 첨성대에 올랐다. 1418년 8월 10일, 스물둘이라는 패기만만한 나이에 즉위하여 국가경영의 대권을 잡은 지 불과 2년 뒤의 일이었다.

"형님 대신 권좌에 오른 나를 꾸짖으시려 혜성이 나타난 것인가?"

본인이 자처한 것은 아니지만, 형님인 양녕대군 대신 왕위에 오른 것이 부담이던 상황에서 혜성의 등장은 큰 충격이었다. 혜성은 사라지지 않고 하늘에 떠 있었다. 세종은 모든 정무를 멈추었다. 반찬 가짓수를 줄이고 전국에 사면령을 내렸다. 매일 매일 세종은 첨성대에 올랐다. 왕으로서 하늘의 인정을 받느냐 못 받느냐의 문제였다. 다행히 혜성은 7일 뒤에 사라졌다.

"아! 형 대신 왕위에 오른 나를 하늘이 인정하셨구나."

세종은 안도의 한숨을 내쉬었다.

혜성이 관측된 이후로 천문관들은 잠을 이루지 못했다. 매일 첨성대에서 숙직하며 혜성의 움직임을 관측했다. 윤사웅을 비롯하여 천문관들은 세종이 매일 찾아오는 통에 잠시도 쉴 수가 없을 지경이었다. 다행히 7일 만에 혜성이 사라지자 세종은 뛸 듯이 기뻤다.

"내가 오늘 천문관들의 수고가 하늘에 닿았음을 보았도다."

세종은 천문관들의 수고를 잊지 않았다. 특명이 내려졌다. 윤사웅은 정3품으로 품계가 오르고 남양부사에 제수되었다. 이무림은 광주부사에, 최천구는 부평부사, 그리고 정영국은 인천부사에 임명되었다. 실로 파격적인 조치였다. 미관말직 천문관들이, 그것도 경기도 큰 고을의 지방관으로 제수되자 모든 신하가 놀라며 항의했다.

"아무리 공을 세웠다고 하나 변변치 못한 벼슬아치들에게 큰 고을의 수령직이라니, 있을 수 없는 일이 아닌가. 이런 상황에서 국왕을 모시는 승정원은 뭐하고 있는가? 도승지는 어서 전하에게 달려가 명을 거두어 달라고 주청을 하게."

승정원의 간청에도 세종은 뜻을 굽히지 않았다. 급기야 세종은 신하들을 향해 언성을 높였다.

"너희들 중에 나를 위해 한 사람이라도 하늘의 꾸지람에 응한 사람이 있느냐? 너희들이 편하게 잘 동안 이들은 밤을 새우며 하늘의 꾸지람에 응답하였다. 승정원은 귀찮게 방해하지 말고 어서 이들을 부임하게 하라!"

세종은 수령직 외에도 상의원에 명하여 3년마다 새 옷과 갖옷(짐승 가죽으로 만든 옷)을 만들어 주도록 했다. 뿐만 아니라 매일 술 5병씩을 하사했다.

북극고도를 직접 관측하다

────── 우리 역사에서 한양의 북극고도를 직접 관측하기 시작

한 때는 세종 대이다. 북극고도라는 용어는 매우 낯설다. 북극고도 란 천구의 북극에서 관측지 사이의 고도를 말한다. 북극고도를 오늘날의 용어로 환원하면 위도 값에 해당한다.

서울 광화문의 북위는 37도 34분 8초이다. 명·청의 수도였던 북경 위도는 39도 56분이다. 서울에 비해 대략 2도 정도 높다. 북경이 서울보다 2도 정도 높다는 것은 천문학적으로 무슨 의미일까.

위도가 다른 서울과 북경은 낮과 밤의 길이가 다르고 해가 뜨고 해가 지는 시간이 다르다. 예를 들어 서울은 북경보다 위도가 낮으므로 동짓날 낮의 길이가 북경보다 대략 14분 정도 길다. 정확한 북극고도의 관측이 곧 정확한 시간을 아는 전제조건인 셈이다.

역법에서 가장 중요하게 생각한 것이 북극고도 측정이었다. 세종은 정확한 북극고도 측정을 위해 윤사웅, 최천구, 이무림을 강화 마니산과 백두산, 제주 한라산에 각각 파견했다. 이들이 북극고도 값을 측정했을까? 아쉽게도 측정한 값이 전해지지 않는다.

북극고도에 대한 세종의 관심은 이순지라는 걸출한 문관 출신의 천문가를 발탁하는 계기가 되기도 했다. 세종은 신하들과 경연(임금과 신하가 유교 경전으로 강론하는 일) 중에 "북극고도를 아느냐?"라고 물었다. 아무도 대답을 하지 못했다. 잠시 침묵이 흐른 뒤 막 벼슬 길에 나간 이순지가 "고려는 북극에서 나온 땅이 38도 강입니다." 라고 대답했다. 이 일을 계기로 이순지는 세종의 깊은 신뢰를 얻었다. 이후 세종은 이순지에게 북극고도를 관측할 간의를 비롯하여 각종 천문기기를 제작하는 사업을 총괄하게 했다.

세종은 간의를 만든 후 북극고도를 측정하게 했는데 이때 관측 값이 38도소, 즉 38도¼로 측정되었다. 이 값은 원주를 365도¼로 정의할 때의 수치이며, 《원사》〈천문지〉에 고려 북극출지로 기록되어 있는 값과 일치하였다. 이러한 측정치를 바탕으로 한양 기준의 주야 시각, 절기 시각, 일출몰 시각 등을 계산할 수 있는 《칠정산내편》이 편찬되었다.

세종 이후 1713년(숙종 39)에 한양의 북극고도가 다시 측정되었다. 청나라에서 온 하국주(何國柱)가 종로에 대형 천문관측기인 상한의(象限儀)를 설치하고 한양의 북극고도를 측정하여, 37도 39분 15초를 얻었다고 한다. 하국주가 관측한 한양의 북극고도 값은 이후 천문관측 기구를 제작할 때마다 적용되었다. 정조 13년(1789)에 천문가인 김영(1749~1817)이 새로운 천문기기를 제작하여 관측할 때 이 값을 사용하였다. 18세기 이후에 제작된 앙부일구, 간평일구, 혼개일구 등의 해시계를 제작할 때에도 이 값이 사용되었다. 1791년(정조 15)에는 관상감을 맡았던 서호수(1736~1799)가 한양의 북극고도 값을 기준으로 전국의 밤낮 시간과 절기 시간을 정확하게 계산하였다.

한라산에서 노인성을 관측하다

───── 1425년(세종 7) 5월 7일 밤, 세종은 첨성대에 올라 밤하늘의 별을 관측했다.

"사웅아, 노인성이 어디에 있느냐?"

윤사웅이 남쪽 하늘을 가리키면서 말했다.

"전하, 남극노인성이 저기에 있사온데 눈으로는 잘 보이지 않습니다. 남극에 가깝고 높이 있사온데 제주 한라산이나 백두산, 설한점(雪漢岾) 정상에 올라가면 보인다 하오나, 살펴볼 길이 없습니다."

"추분에서 춘분 사이에 노인성을 볼 수 있다고 들었는데, 한양에서는 볼 수 없다는 말이냐?"

"그렇습니다."

노인성은 남극성으로 오늘날 '카노푸스(Canopus)'라 불리는 별이다. 적위 −52 정도 남반구에 위치한 별이다. 우리나라에서는 제주도 서귀포 쪽이나 전남 해남 등 남해 연안에서만 간신히 볼 수 있다. 한반도에서는 관측하기 힘든 별이다 보니 예로부터 인간의 수명을 관장하는 수성(壽星)이자 길성(吉星)으로 인식되었다. 노인성이 나타나면 나라가 평안해진다고 믿었다. 고려시대는 물론이고 조선 중종 대까지 국가에서 노인성 제사를 지냈다. 하지만, 실제로는 수도 개성이나 한양에서는 한 번도 관측되지 않은 별이었다.

세종은 소문처럼 노인성을 제주도와 백두산에서 볼 수 있는지 궁금했다.

"너희들은 추분부터 이듬해 춘분까지 남극노인성을 보고 오라. 사웅은 제주도로 가고, 무림과 천구는 백두산과 설한점으로 가거라. 내일 당장 출발하라."

내일 당장이라니! 해야 한다고 생각하는 일은 한시도 지체하지 않는 세종이었다. 사웅과 무림, 천구 세 사람은 가족들과 인사도 못하고 떠났다. 두 달 뒤 이들 세 사람으로부터 장계(왕명을 받고 지방에 나가 있는 신하가 중요한 일을 왕에게 보고하는 문서)가 올라왔다.

"전하, 송구하옵게도 구름이 끼어 볼 수가 없었습니다."

기대에 부풀었던 세종은 장계를 보고 실망감을 감추지 못했다. 그러나 포기하지 않았다. 4년 뒤 세종은 노인성을 관측하기 위해 다시 이 세 사람을 파견했다.

백두산에 오른 이무림과 설한점에서 관측하던 최천구는 노인성을 관측하지 못했다. 남극성인 노인성이 백두산과 설한점에서 관측될 리 만무했다. 반면 한라산으로 파견되었던 윤사웅은 노인성 관측에 성공했다. 윤사웅은 춘분날에는 보지 못했으나 추분날에는 바다가 맑고 하늘이 개어 노인성을 볼 수 있었다. 윤사웅은 관측한 노인성을 그림으로 그려 세종에게 바쳤다. 세종은 너무 기쁜 나머지 윤사웅을 만나러 친히 첨성대를 찾았다.

"사웅아, 말로만 듣던 노인성을 정말 눈으로 확인했단 말이냐?"

"네, 전하! 제가 직접 눈으로 보고 이렇게 그려 왔습니다."

노인성은 백두산과 설한점에서는 관측되지 않는 별이었지만, 제주도에서는 특정 시기에 볼 수 있는 별이었다. 윤사웅의 이야기를 들으며 세종은 뛸 듯이 기뻤다. 왕의 신분이 아니라면 당장 한라산으로 달려가고 싶은 심정이었다. 세종은 노인성에 대해 자세히 묻고는 수고했다며 술을 따라주었다. 이어서 윤사웅의 품계를 올려주었다.

7

왕립천문대의 건설

───── 천문과 관련한 세종의 위업 중 하나가 '간의대(簡儀臺)' 사업이다. 간의대는 경복궁에 지은 세종의 왕립천문대를 말한다. 간의대는 세종 대에 이룩된 과학기술의 핵심이자 당대 동아시아 최고의 천문대였다. 세종의 간의대 사업은 훈민정음 창제에 버금가는 역사적 위업으로 평가받고 있다.

세종은 왕립천문대를 만들고 난 뒤 "나라는 백성을 근본으로 삼고, 백성은 먹는 것을 하늘로 삼으니 농사는 의식의 근원이고 왕정의 급선무이다."라고 했다. 유교적 민본주의의 중심에 농업이 있었고 그 배경에 천문학이 있었던 것이다.

조선의 하늘과 명의 하늘은 다르다

──────── 학문을 발전시키기 위해서는 해당 분야에 대한 이론적 탐색과 함께 사업을 담당할 수 있는 전문가가 필요한 법이다. 세종은 학문 연구의 기반을 조성하고 연구 인력을 양성하기 위해 집현전을 만들고 경연을 적극 활용했다. 1432년 가을, 세종은 경연 중에 문득 정인지(1396~1478)를 바라보며 말을 이었다.

"우리나라 제도가 항상 중국을 따랐으나 유일하게 하늘을 관측하는 기구만은 중국만큼 발전하지 못했다. 경이 대제학 정초와 함께 천문을 연구하여 관측하는 기구를 만들어 보면 어떤가?"

"전하, 제가 정초와 함께 힘을 써 보겠습니다."

"중요한 것은 조선 땅과 하늘 북극간의 고도를 측정하는 것이니, 이를 위해 간의라는 관측기구를 먼저 만들어 보는 것이 좋겠다."

"명을 받들겠습니다."

공식적으로 천문 사업을 천명한 것이었다. 사전에 아무런 준비 없이 일을 시작할 세종이 아니었다. 세종은 즉위 초부터 왕립천문대를 건설할 원대한 꿈이 있었다. 조선의 왕이라면 제왕의 과학이라 불리는 천문에 관심을 가지지 않을 수 없었다. 일찍이 태조 이성계가 〈천상열차분야지도〉라는 이름의 천문도를 제작했고, 태종도 천문에 관심이 많아 왕실천문대를 세우고자 했다. 그러나 두 사람 모두 뜻을 이루지는 못했다. 많은 시간과 인력, 그리고 경제적 부담이 컸기 때문이다.

세종은 중국 제도에서 벗어나 조선에 맞는 독자적인 천문관측을 수행하고 싶었다. 이를 위해서는 먼저 하늘을 관측하는 기구를 만들어야 했다. 준비는 다 되었다. 이미 장영실을 비롯한 천문가들을 중국에 보내는 등 새로운 천문기기를 제작할 기초도 갖춘 뒤였다.

세종은 궁궐에 간의대를 설치하는 궁극적인 목적은 하늘의 변화를 살펴 농사를 짓는 백성들에게 정확한 때를 알려주기 위해서라고 천명했다. 천문 사업은 오로지 백성을 위한 것이라는 뜻이었다. 간의대 건설은 이러한 의미 외에도 또 다른 상징성이 있었다. 하늘을 공경하여 재앙을 예방하고자 하는 목적이 있었다. 이는 법궁인 경복궁을 완성하기 위한 중요한 요소이기도 했다.

역사적으로 정확히 언제부터 궁궐에 천문의기를 설치하기 시작했는지는 알 수 없지만, 기원은 중국 요임금과 순임금 시대까지 거슬러 올라간다. 《서경》 요전(堯典)에 따르면, 요임금이 "희씨와 화씨에게 명하여 상제가 계신 큰 하늘을 공경하고 따르게 하시고 일월성신을 관측하여 공경히 사람들에게 농사지을 때를 받도록 하였다"라고 전한다. 요·순 임금은 중국 고대 태평시대를 연 황제들로 유교 국가의 국왕이라면 누구나 닮고 싶은 롤모델이었다. 특히 요임금은 하늘을 관측하여 백성들에게 농사지을 때를 알려 준 최초의 황제였다. 요임금의 명을 받은 희씨와 화씨는 최초의 천문가들인 셈이다.

조선 건국에 앞장을 선 권근도 〈천상열차분야지도〉를 만들면서 "예로부터 제왕들이 하늘을 받들어 나라를 다스림에 책력[달력]과 천체관측기구를 만들어 때를 알려주는 것으로 급선무를 삼지 않음이 없었다"라고 하여 국가를 다스리는 데 천문학이 중요함을 강조했다. 그런 이유로 천문학은 국가의 주요 사업으로 발전했고 천문대는 궁궐 가까이 왕이 늘 볼 수 있는 곳에 설치되었다.

조선의 천문대를 만들자

───── 세종은 천문을 정사에 정확히 반영하기 위해 간의대를 설치하고자 했다. 그것은 무늬만 천문대가 아닌 하늘의 운행을 정밀하게 관측할 천문대였다. 간의를 만들어 관측하기 위해서는 먼저 간의대라는 것을 만들어야 했다. 간의대를 제작하는 데는 대략 1년 정도가 소요되었다. 간의대는 경복궁 경회루 북쪽 편에 지어졌다. 간의대의 크기는 높이 31척, 길이 47척, 너비 32척이고 대(臺) 위에 돌난간이 있었다. 미터로 환산하면 높이는 약 6.4미터, 길이는 약 9.7미터, 너비는 약 6.6미터에 달한다. 아파트 1층의 높이가 대략 3미터 내외이므로 높이가 6.4미터이면 2층 정도 되는 높이다.

당시 간의대 축조를 담당한 이는 호조판서 안순(1371~1440)이었다. 세종 대에는 가뭄이나 기근이 심한 날이 많았다. 1436년(세종 18) 전후로 몇 년째 전국적으로 흉작이 계속되면서 백성들은 굶주림에 시달렸다. 특히 충청도가 가장 심각했다. 세종은 10년 넘게 호조판서를 지낸 안순을 도순문진휼사로 임명해 충청도에 파견했다. 종1

품 재상급 대신을 최고 구휼 책임자로 임명한 것이다.

일찍이 충청도관찰사를 지낸 안순은 충청도 각 고을의 사정을 소상히 파악하고 있었다. 게다가 재상급이었으니 충청지역 지방관들의 협조를 잘 이끌어낼 수 있었다. 구휼 임무를 맡길 최적의 적임자였던 셈이다. 실제로 안순은 짧은 시간 안에 충청도 구휼에 성공했다. 이는 구휼 행정의 모범 사례가 됐다. 안순은 오랫동안 호조 일을 맡은 나라의 살림꾼이었다. 그는 주로 국가의 전곡(錢穀)을 관장했는데, 경비 출납에서 한 치도 어긋남이 없이 정확했다고 한다.

간의대 사업은 비용이 많이 드는 국가사업이었다. 천문대 사업에 호조판서를 임명한 것은 비용을 아끼기 위한 전략이었던 셈이다. 세종은 신분 고하를 막론하고 인재 사용법을 알았던 최상의 리더였다.

7년 프로젝트의 완성

──── 간의를 제작하라는 세종의 명을 받은 예문관 제학 정인지와 대제학 정초는 옛날 천문 서적을 검토하고 조사하는 일을 맡았다. 관련 자료를 근거로 실제 간의를 제작하는 일은 중추원사 이천과 호군 장영실이 맡았다. 일찍이 장영실은 세종의 명으로 명나라에서 곽수경의 간의를 익히고 돌아왔다. 간의 제작을 실질적으로 주도한 인물은 장영실이었다. 장영실은 먼저 나무로 간

의를 만들고 서울 한양의 북극고도를 측정했다. 나무로 만든 간의는 완벽했다. 장영실은 나무로 만들어진 천문의기를 샘플로 해서 하나둘씩 구리를 녹여 만들어나갔다.

세종의 천문 사업은 1432년(세종 14) 간의대 건설을 시작으로 총 7년 프로젝트로 진행되었다. 이듬해인 1433년에 간의대가 축조되고, 1434년에 자격루와 앙부일구, 1437년 일성정시의, 1438년(세종 20)에 흠경각 옥루 등이 완성되면서 왕립천문대 사업이 종료되었다. 1420년 천문에 본격적으로 관심을 두기 시작한 지 18년 만에 오랜 꿈이 실현된 것이다.

> 드디어 구리를 녹여서 여러 가지 천문 의상(儀象)을 만들었는데, 7년이 지난 무오년(1438)에 완성되었다. 첫째가 대간의와 소간의이며, 둘째는 혼천의와 혼상(渾象)이다. 셋째는 현주일구, 천평일구, 정남일구, 앙부일구 등 해시계다. 넷째는 일성정시의이며, 다섯째는 자격루였다.
>
> ─《연려실기술》제3권, 세종조 고사본말

세종은 왜 간의대를 옮겼을까

─────── 간의대 건설 당시, 세종은 자주 현장을 찾아 관원들의 노고를 치하했다. 간의대 건설은 피와 땀의 결실이었다. 그런데 세종은 힘들게 만든 간의대를 경회루 북쪽에서 경복궁

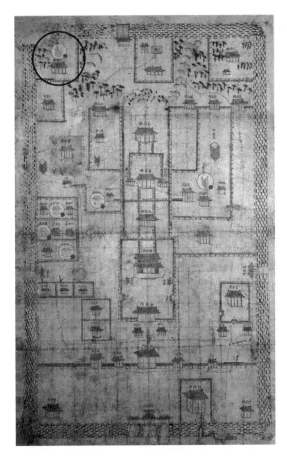

▲ 경복궁도에 그려진 간의대(국립중앙도서관 소장).
경복궁도에서 간의대의 위치는 궁궐의 서북쪽에 그려져 있다.
1443년(세종 25) 간의대가 신무문 근처로 이전한 후의 상황을 묘사했기 때문이다.

북문, 즉 신무문(神武門) 쪽으로 이전하려 했다. 간의대 이전은 오로지 세종의 주장으로 이루어졌다. 만들자고 한 사람도 세종이었고 다른 곳으로 이전하자고 한 사람도 세종이었다. 세종은 신하들의 반대에도 불구하고 멀쩡한 간의대를 옮기려 했다.

역사상 천문대를 건설하는 것도 흔치 않은 일이지만, 이것을 다시 다른 곳으로 옮기는 것은 더욱 흔치 않은 일이었다. 옮기다 보면 처음 만든 규모 그대로 다시 만들기도 어려운 법이다. 세종은 일찍이 간의대는 자손만대에 전하기를 기약해서 만든 것이라 천명했다. 그런 그가 "이제 갑자기 헐어 버리려 하니 마음이 심히 괴롭다"라고 토로하면서 간의대를 옮기려 한 것이다.

세종은 왜 애써 지은 간의대를 헐어 버리려고 했을까? 표면적인 이유는 양위였다.

"내가 세자에게 왕위를 물려주려 한다. 한 궁궐 안에 두 왕이 있는 것은 옳지 않구나. 간의대 자리에 별궁을 하나 더 지어야겠다."

세종이 양위 의사를 표명하면서 신하들에게 별궁을 지으라고 명령을 내린 것은 1442년(세종 24) 12월 26일(음력)이다. 이어서 세종은 선공제조 박종우·이사검 등을 불러 별궁을 간의대 근처 자리에 짓도록 하고 대신 간의대는 북쪽으로 옮기게 하였다. 별궁을 짓기 위한 공사는 이듬해 봄부터 시작되었다. 시작부터 세종은 신하들의 거센 반발에 부딪혔다. 특히 사간원은 국가 예산 낭비라며 강력하게 반대했다.

"강원도는 토지가 척박하고 백성이 가난한 데다가 지난해에 흉년이 더욱 심했사옵니다. 지금 이들에게 목재 운반을 시키면 그 고통이 실로 심각할 것입니다. 게다가 농사일이 막 시작되어 가난한 백성들이 생계에 허덕이는 보릿고개 때이오니, 바라옵건대 전하께옵서는 빨리 간의대 이전을 정지하시어 백성들의 주름을 펴 주시옵소서."

해가 바뀌어도 여전히 세종은 신하들과 간의대 이전 문제로 갈등을 빚었다. 결국 1443년 2월 4일 세종은 결단을 내렸다.

"도승지 조서강은 들으라. 내가 명하노니 간의대를 옮겨 지을 자리를 고르라."

세종이 간의대를 옮길 자리를 알아보라고 하자 이번에는 좌헌납 윤사윤이 반대하고 나섰다.

"옛날 제왕들은 반드시 검소와 절약을 중요하게 생각했습니다. 안팎의 궁궐이 이미 다 준비되어 있는데 어찌하여 백성들이 힘들게 지은 간의대 건물을 헐고 급하지도 않은 별궁을 만드시려 합니까. 전하께서는 결심을 돌리시고 빨리 이 명령을 정지하소서."

빗발치는 신하들의 반발에도 세종은 뜻을 굽히지 않았다. 결국 세종은 간의대를 이전하려는 자신의 속내를 드러냈다.

"이 간의대가 경회루에 세워져 있어 중국 사신이 볼 수밖에 없으므로 내가 본래부터 옮겨 지으려 하였다."

반대하는 신하들을 향한 세종의 대답이었다. 세종이 간의대를 옮기려는 가장 큰 이유는 명나라 때문이었다. 명나라 사신을 위한 연회를 베풀던 장소가 경회루였는데, 간의대는 경회루 바로 뒤에 있었다. 경회루에서 잘 보이는 위치에 간의대가 자리 잡고 있었던 것이다.

조선이 간의대를 건설한다는 것은 사대의 예를 거스르는 일이었다. 사대의 예란, 제후국(조선)이 천자가 다스리는 대국(명나라)을 섬기는 일종의 외교 형식이었다. 천문관측은 오직 천자의 나라만이 할 수 있다는 사대 논리 때문에 조선은 명의 눈치를 보지 않을 수 없었다. 조선이 명나라가 내려주는 달력을 버리고 독자적인 역법(曆法)을 사용하는 것은 곧 독립 국가임을 선언하는 위험천만한 도전이었다.

결국 간의대는 세종의 의지대로 경복궁 북서쪽으로 이전되었다. 간의대는 처음 지어진 곳에서 다른 곳으로 이전되었지만, 이전한 뒤에도 관측 활동은 지속적으로 이루어졌다.

그리니치 천문대보다 먼저 지어진 간의대

─────── 간의대는 돌을 쌓아 만든 대형 천문대였다. 세종이 만든 간의대는 중국 원나라 천문가인 곽수경(郭守敬, 1213~1316)이 1279년에 건립한 사천대(司天臺)를 모델로 했을 가능성이 크다. 장영실이 중국에 갔을 무렵에는 명나라 천문대가 건립되기 이전이었다. 이미 원이 멸망한 뒤라 곽수경의 사천대가 그대로 존속했을까 하는 의문점은 남지만, 의기는 사라져도 석축까지 파손되었을 가능성은 크지 않다. 《세종실록》에 전해지는 〈간의대기〉 내용

을 보면, 간의를 비롯한 각종 의기 제작 방법은 원나라 역사를 기록한 《원사(元史)》를 따랐다고 한다.

간의대에서 근무하는 천문관원들은 주로 밤에 천문관측을 했기 때문에 숙직할 곳이 필요했다. 사복시(司僕寺)의 출입문인 사복문(司僕門) 안에 임시거처를 마련하여 관원들이 숙직할 수 있도록 했다. 사복시는 조선시대 병조에 소속된 기관으로 말 사육과 전국의 목장, 임금의 가마 등을 관리하는 관청이다. 천문과는 관련 없는 기관이었지만, 간의대와 가까워서 서운관 관리들의 임시숙소로 활용했다.

세종 대에 지어진 간의대는 조선전기 동안 천문대로 운영되었다. 간의대는 영국의 그리니치 천문대나 중국의 고관상대보다 건립 연대가 앞선 왕립천문대였다. 관측기기의 규모 또한 그리니치 천문대나 고관상대에 뒤지지 않았다고 하니 당대 최고의 천문대라 평가할 수 있을 것이다.

▶ 관상감 관천대(《일용편람》)(조선총독부관측소, 1913).
보물 제1740호인 관천대의 옛 모습이다. 별을 관측한다고 해서 첨성대라고도 불렀다.
관천대는 높이 4.2미터, 가로 2.8미터, 세로 2.5미터 크기로 만들었고, 그 위에 직사각형의 돌로
난간을 둘러놓았다. 지금은 없어졌지만, 원래는 대 위로 올라가는 돌계단이 있었다.
현재 이 관천대는 서울 종로구 현대사옥 건물 앞에 보존되어 있다.

▲ 동궐도 중 관천대의 모습(고려대학교 박물관 소장). 국보 제249호인
동궐도에 그려진 관천대의 모습이다. 동궐도는 경복궁 동쪽에 있던 창덕궁을
그린 것이다. 경복궁에 조성되었던 관천대는 임진왜란 때 불타 사라지고,
임란 이후 왕의 처소를 창덕궁으로 옮기면서 창덕궁에도 관천대가 세워졌다.

▲ 이전하기 전의 관천대(1910년대)

▲ 현대 사옥으로 이전한 이후의 관천대

8

원나라 천문학을 배우다

세조 쿠빌라이와 유병충

───────── 장영실이라는 걸출한 인재의 발탁은 세종이기에 가능한 일이었디. 그러한 면에서 곽수경을 지원한 원나라 세조 쿠빌라이(Kublai Khan, 1215~1294)는 세종과 자주 비견되는 인물이다. 게다가 세종의 왕립천문대 건설은 곽수경이 건설한 원나라 천문대를 모델로 했다.

원나라는 중국 역대 왕조 가운데서 천문학을 비롯한 과학기술이 가장 발달한 왕조였다. 13세기경, 이슬람 천문학의 영향을 받은 원나라는 세조 쿠빌라이 때 궁정 천문학자 곽수경의 지휘로 천문학분야에서 대도약이 있었다. 오늘날도 마찬가지지만 당시 천문학은 최첨단 과학 분야였다.

1271년 원나라를 세운 세조 쿠빌라이는 한족의 인재들을 배척하지 않고 중용했다. 그중에 한 명이 유병충(劉秉忠, 1216-1274)이다. 원나라 초기 유병충의 활약은 실로 대단했다. 대원(大元)이라는 국호도 유병충이 지은 것이다. 연경(燕京)을 원의 수도로 설계한 것도 그의 작품이다. 유병충은 대명력(大明曆)이라는 역법이 요나라와 금나라 이래로 200년 넘게 사용되면서 천체 운행과 맞지 않게 되자 이를 교정하려 했다. 그러나 뜻을 이루지 못하고 세상을 떠났다. 유병충은 죽기 전에 세조 쿠빌라이에게 저명한 과학자 곽수경을 자신의 후임으로 추천했다.

세조 쿠빌라이는 유병충의 말대로 역법을 교정할 생각을 하고 있었던 터라 곽수경을 흔쾌히 등용했다. 곽수경은 과학자 집안에서 태어나 열다섯 살 때 돌에 새겨진 시계를 보고 그 원리를 몇 시간 만에 알아낼 정도로 과학 천재였다.

곽수경이 만든 사천대

───── 원 세조 쿠빌라이는 곽수경과 왕순에게 새로운 역법을 편찬하는 일을 맡겼다. 그런데 남아 있는 천문관측 기기가 너무 낡아서 정밀한 관측을 할 수 없었다. 곽수경은 새로운 천문기기를 만드는 것을 최우선 과제로 삼았다. 정확한 역법을 만들기 위해서는 정확한 관측 자료가 있어야 했다. 곽수경은 직접 천문

기기를 만드는 일에 매진하여 3년간의 노력 끝에 간의, 규표, 앙의 등 십여 종의 천문기기를 새롭게 제작했다. 이들 관측기기가 있는 곳이 바로 '곽수경의 사천대'였다.

곽수경은 1279년에 세조 쿠빌라이에게 중국 전역에 걸쳐 태양의 그림자를 관측할 것을 건의했다.

"당나라 승려 일행(一行, 683~727)은 개원 연간에 남궁설에게 천하의 그림자를 측정하게 했는데, 《서경》에 나오는 13곳이 바로 그곳입니다. 지금은 나라의 땅이 당나라 때보다 더 크니 먼 지방을 관측하지 않는다면 일식과 월식 시각, 밤낮의 길이가 지역마다 다른 것을 알 수 없습니다."

세조 쿠빌라이는 곽수경의 말대로 14명의 천문가를 전국에 파견하였다. 당시 세조 쿠빌라이가 파견한 천문가 중 한 사람은 고려까지 왔다. 원나라 천문가는 당시 고려의 북극출지(북극고도)를 관측하여 38도 소(少)라는 관측치를 얻었다. 이 관측값은 오랫동안 사용되었다. 조선 건국 후 세종이 북극고도를 새롭게 관측하기 전까지 우리나라는 원나라에서 관측한 북극고도 값을 그대로 사용하였다.

우수한 원나라 수시력

───── 곽수경이 이룩한 찬란한 업적 중의 최고봉은 수시력(授時曆)이라는 역법을 만든 것이었다. 실제 수시력은 곽수

경뿐만 아니라 허형, 왕순 등이 5년간 공동으로 노력하여 만든 것이다. 한족 출신의 성리학자 허형(許衡, 1279~1368)은 중국 역대의 역법 원리에 밝은 인물이었다. 왕순(王恂, 1235~1281)은 계산법에 정통했고, 곽수경은 관측기계 제작과 천체관측에 탁월했다고 한다. 나중에 곽수경이 수시력을 정리했기 때문에 곽수경만이 수시력 제작자로 알려져 있다.

이전 역법에서 진일보한 수시력의 우수함을 간단히 정리하면 다음과 같다.

① 역계산의 기준이 되는 동지의 일시를 아주 정확하게 측정했다.
② 1년의 길이를 365.2425일로 정하였다.
③ 동짓날 태양의 위치를 정확히 측정했다.
④ 달의 운행을 추적했다.
⑤ 태양과 달의 궤도를 정확히 측정하여 각각의 경사와 교점을 정했다.
⑥ 28수 별자리의 위치를 정확히 측정했다.
⑦ 일출입(日出入)의 시각을 정확하게 구했다.

수시력은 원은 물론이고 이후 명나라에서도 이름만 대통력(大統曆)으로 바꾼 채 거의 그대로 시행되어 1281년부터 1644년까지 약 360여 년간 사용되었다. 수시력의 이름은 《서경》의 '경수민시(敬授民時)'에서 따온 것이다. 경수민시란 '공경히 백성이 때를 잘 맞추도록 한다'라는 의미이다. 이 역법은 중국 역사상 가장 우수한 역법으로 평가받고 있으며 우리나라에도 크게 영향을 미쳤다. 고려 충선왕 때 최성지(崔誠之, 1265~1330)가 수시력법을 원에서 가지고 들어와 처음 시행했다고 전하지만 완전하게 사용하지는 못했다. 수시력에 따른 일·월식의 계산법을 터득하지 못해 선명력을 그대로 답습한 것이다.

수시력의 완전 정복은 조선에 와서야 이루어졌다. 조선 세종 대에 이순지와 김담이《칠정산내편》을 편찬했는데, 이는 곽수경의 수시력 계산법을 정확히 파악하고 조선 실정에 맞게 교정한 역법이다. 세종이 이룩하고자 했던 조선의 천문학은 바로 곽수경이 이룩해 놓은 첨단 천문학이었다. 장영실이 세종의 명을 받아 명나라에 가서 본 것도 곽수경이 만든 천문기기였다.

찬란했던 곽수경의 사천대는 명나라가 들어서자 운행을 멈췄다. 명나라는 천문이나 과학에 관심이 없었기 때문이다. 명나라의 천문학은 원나라 천문학을 그대로 답습했다. 과학에서 답습은 퇴보를 의미한다. 명나라 천문학자들은 곽수경이 만든 천문기기를 제대로 운영하지도 못했다. 천문기기는 뿌연 먼지와 거미줄로 뒤덮여 있었다.

"세종 대 천문학은 세계 최고 수준"

──────── 동아시아의 천문학이 13세기 원나라 곽수경에 의해 꽃을 피웠다면 15세기에는 세종과 장영실, 이순지와 김

담 등에 의해 조선에서 꽃을 피웠다. 왕권이 크게 약화됐던 고려는 원나라의 혁신적인 과학을 받아들일 여유가 없었다. 새로운 왕조인 조선이 들어선 뒤 과학에 관심이 많은 세종의 주도로 천문학에서 대도약을 이룰 수 있었다. 영국의 저명한 과학사가 조지프 니덤은 "15세기 조선은 당시 세계에서 가장 첨단의 관측의기를 장비한 천문기상대를 소유했다"라고 평가했다.

영국 케임브리지대학 교수였던 니덤은 "한국은 15세기 초와 17세기 초에 천문학이 큰 도약을 이루었다."라며 세종 대의 과학 발전을 높이 평가했다. 우리 역사에서 15세기는 세종이 통치하던 시기이고 17세기 초는 인조와 효종이 통치하던 시기이다. 전자가 자체적인 노력으로 천문학이 발전한 시기였다면, 후자는 서양 천문학이 전래되면서 이를 계기로 조선의 천문학이 발전한 시기였다.

15세기 세종은 조선을 세계 수준의 과학 국가로 만들었다. 태조 이성계가 조선을 개창한 지 46년 만이었다. 태조가 조선을 개국한 창업 군주라면, 태종은 수성의 군주였다. 세종 역시 수성의 군주임을 자처했지만, 선대 왕들의 업적을 이어받아 조선왕조를 반석 위에 올려놓아야 했다. 그 구체적인 방법은 고전을 연구하고 고증하여 이른바 예악(禮樂)으로 대표되는 유교 문물을 찬란하게 꽃피우는 것이었다. 천문학의 정비는 이와 같은 유교 문물의 정비 과정에서 나온 것이었고 또한 그 중심에 있었다.

9

세종, 달력을 통일하다

달력마다 길흉일이 달라 10년 동안 장례를 못 치르니

─────── 전통시대 달력에는 어떤 날에 무엇을 하면 길하고 흉한
지를 알려주는 길흉일이 기입되어 있었다. 그런데 조선
초까지만 해도 길흉일이 달력마다 달라 백성들 사이에 큰 혼란이 있
었다. 예를 들어 부모가 돌아가시면 장사를 지내야 하는데 달력마다
어떤 날이 좋고 안 좋은지 길흉일이 달랐다. 이런 이유로 정해진 기
일 안에 장사를 지내지 못하는 경우가 허다했다. 더욱이 길흉일에
대한 풍수설이 다양해서 심하게는 한 달 동안 장사 지내기 좋은 날
이 하루도 없는 경우도 있었다.

양반 사대부들이 풍수설만 믿고 10년이 되도록 부모의 장례를
치르지 못하는 일이 생기자 태종이 칼을 빼 들었다. 태종은 부왕인

태조의 장사를 모범적으로 5개월 만에 지내고 양반 사대부의 장례 기한을 3개월 이내에 치르도록 제한했다.

태종에 이어 왕위에 오른 세종은 법이 아닌 달력을 하나로 통일하는 것으로 이 문제를 해결했다. 신하들의 의견을 받아들여 길흉일이 적힌 다양한 달력을 하나로 통일한 것이다. 세종은 1년 동안 좋지 않은 날은 하나도 없다고 생각한 왕이었다. 마침내 9종이 넘는 다양한 달력 체제를 정리하여 하나로 만들고, 여기에 길흉일을 통일시켰다. 이제 백성들은 달력마다 서로 다른 길흉일 때문에 혼란을 겪지 않아도 되었다.

조선은 개국과 함께 천문학을 빌어 왕조의 정당성을 확보하려고 했는데, 정확한 역법(일월오성의 운행을 계산하여 달력을 만드는 법)을 사용하는 것도 그중 하나였다. 조선 초에는 역법의 정확도를 높이기 위해 고려 말에 들어온 원의 수시력과 그 전부터 사용했던 선명력, 명나라에서 들여온 대통력까지 섞어 쓰고 있었다. 그러나 역법 지식은 여전히 고려 말의 수준을 넘어서지 못했다. 역법은 하루아침에 수준이 높아질 수 없는 매우 복잡하고 정밀한 과학이었다.

조선 건국의 정당성을 입증할 유용한 수단이었던 천문학은 국가의 기틀이 잡히면서 더욱 중요해졌다. 그러나 건국 초부터 조선과 명의 달력에 차이가 있어 논란이 있었다. 태종은 명과 조선의 달력이 서로 날짜가 맞지 않는 데 대한 책임을 물어 서운관 관리 조의구를 의금부에 가두기도 했다.

이런 상황은 세종 대에도 이어졌다. 천문학을 중시한 세종의 노력으로 조선은 수시력과 대통력을 완전히 이해하고, 나아가 조선의 경위도에 맞는 새로운 역법을 고안해낼 수 있는 수준에 이르게 되었다.

세종은 선왕인 태종의 뜻을 이어 조선의 달력을 천문 현상과 합치되도록 했다. 1430년(세종 12) 8월 3일에 세종은 여러 신하들 앞에서 "천문을 계산하는 일은 전심전력을 다해야 한다. 일·월식과 별의 움직임 등은 약간의 차이가 있는 것인데 오래된 당의 선명력을 계속 사용하여 그간 착오가 많이 있었다. 이제 정초가 수시력법을 연구하여 밝혀낸 뒤로는 달력을 만드는 법이 많이 바로잡혔다"라고 하였다. 그러나 그 이후에도 일·월식 계산에서 계속 오차가 발생하자 세종은 훗날 이를 제대로 해결해 줄 인재를 기다리겠노라고 말했다.

"책력과 천문의 법은 쉽사리 자세히 알기 어려운 것이다. 그러나 다시 계산법을 연구하여 초안을 작성해서 장래에 이를 잘 아는 사람이 나오기를 기다리라."

조선의 자주적인 역법을 완성하다

——— 정확한 달력을 만들고자 하는 세종의 노력은 결실을 보기 시작했다. 세종은 1433년(세종 15) 신하들에게 명나라의 대통력을 연구해 역법의 원리를 완전히 소화하도록 지시했다.

교식(일·월식의 계산법)과 5성(화성 수성 목성 금성 토성)만이 입성(역법 계산에 필요한 천문상수를 적어 놓은 표)이 없다 하여 정인지, 정초, 정흠지 등에게 새로 계산하게 했다. 이를 바탕으로 명나라 원통이 편찬한《대통통궤(大統通軌)》의 오류를 바로잡아《칠정산내편(七政算內篇)》을 편찬했다. 뒤이어 이순지와 김담 등에게 이슬람력인 회회력을 바탕으로 조선의 실정에 맞도록 교정한《칠정산외편(七政算外篇)》을 편찬하게 했다.

역법 연구에서 주도적인 활동을 한 사람은 이순지와 김담이었다. 이들은 당시 사용하던 역법이 우리나라 실정에 맞지 않자, 근본적인 개선책을 찾고자 고군분투했다. 이를 위해 역법 이론을 전면적으로 분석하고 검토하였다. 또한 수도 한양뿐 아니라 백두산, 강화도 마니산, 한라산 등 주요 지점에 달력 편찬을 책임진 관리들을 파견하여 북극고도를 측정하였다.

《칠정산내외편》편찬으로 조선의 역법은 완성되었다. 그러나 임진왜란이 발발하면서 독자적인 역 계산을 바탕으로 한 달력 제작이 힘들어지기도 했다. 선조는 조선에 온 명군이 명나라 허락 없이 조선이 달력을 만든 사실을 알게 될까 봐 두려워했다. 선조는 신하들에게 "제후 나라에 어찌 두 가지 역서가 있을 수 있겠는가? 우리나라에서 개별적으로 역서를 만드는 것은 매우 떳떳하지 못한 일이다. 명나라 조정에서 알고 힐문하여 죄를 가한다면 답변할 말이 없을 것이다"라며 달력 만드는 것을 금지하기도 했다. 때문에《칠정산내외편》이후, 자주적인 역법에 따른 달력 제작은 임란과 함께 중

단될 위기에 놓이기도 했다. 그러나 자주적인 조선의 칠정산법은 1653년(효종 4)에 시헌력으로 개력된 이후에도 역 계산에서 계속 활용되었다.

시간은 정치적 권위의 상징

——————— 과거 한국과 일본은 중국에서 반포한 달력을 받아 사용하거나 중국 역법에 따른 달력을 사용하였다. 이는 시간이 곧 정치적 권위의 상징이었음을 말해준다. 중국에서 역(曆)이 국가적인 차원에서 사용된 것은 진나라 진시황 26년(B.C 221)부터였다. 강력한 중앙집권 체제를 유지하기 위해서는 날짜의 통일이 절대적으로 필요했기 때문이다.

한국에서 중국력이 사용된 것은 삼국시대부터였다. 고구려가 당의 무인력, 백제는 송의 원가력, 신라는 당의 인덕력을 사용한 것으로 추정하고 있다. 통일신라 때는 당의 선명력을 도입하여 사용하였다. 선명력은 고려 충선왕 대에 원의 수시력으로 바뀔 때까지 무려 500년 가까이 사용된 역법이다.

당의 선명력은 9세기경 발해에 의해 일본에 전해졌으며 일본은 17세기 후반까지 800년간 선명력을 사용했다. 일본은 서양 천문학이 반영된 시헌력을 사용하지 않았다. 태양력으로 바뀔 때까지 시헌력 이전의 역법인 수시력(일본에서는 정향력이라 불림)을 오랜 기간 사용했다. 17세기에 조선이 최신 역법인 시헌력을 수용하기 위해 수십 년간 노력한 것과는 매우 대조적이다. 17세기에 일본과 달리 한국이 과학적으로 앞선 시헌력을 사용할 수 있었던 것은 조선이라는 통일된 중앙집권적 왕조가 있었기에 가능한 일이었다.

우리의 전통 달력은 음양력을 사용했다. 지구의 자전주기를 하루, 공전주기를 일 년이라 하고, 달의 삭망주기를 음력의 한 달이라 정했다. 그러나 서양력의 한 달 주기는 천체운동의 주기와는 아무 관계가 없고, 편의상 1년을 12로 불균하게 나누어 놨을 뿐이다. '역'에서 문제는 일 년, 한 달, 하루의 시간 단위가 정배수로 되어 있지 않은 데 있었다. 이 때문에 여러 가지 역법이 고안되었고 개력을 거듭하여 오늘날에 이르렀다.

농경시대 달력은 요긴한 생활 지침서

────── 옛사람들이 시간을 중요하게 여긴 이유는 약속과 노동 시간 때문만은 아니었다. 종교적인 이유든 세속적인 이유에서든 좋은 날을 받기 위한 택일이라는 것이 더 중요했다. 택일은 국가 통치자나 관리들뿐만 아니라 농부와 상인들에게도 대단히 중요한 것이었다. 예를 들어 제사를 올리거나 중요한 사업을 시작할 때 좋은 날은 언제인가 하는 선택의 지침을 얻기 위해 초자연적인 자료에 도움을 청했고, 그것이 달력에 반영되어 정착화되었다.

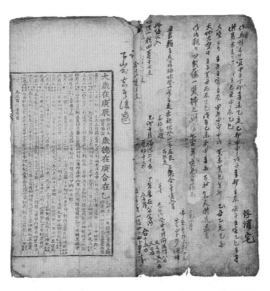

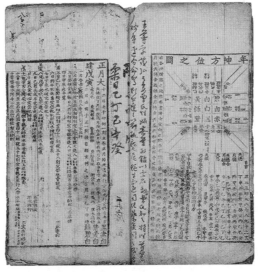

▲ 가장 오래된 경진년대통력(국립민속박물관 소장).
보물 제1319호로 우리나라에서 현존하는 가장 오래된 달력이다. 선조 13년(1580) 경진년 달력으로
조선 시대의 활자와 서지학을 연구하는 데 중요한 자료이다.

전근대 한국은 시간과 달력을 국가통치 질서와 관련지어 매우 중요시했다. 이른바 시간을 기록해 놓은 '달력'을 국가가 독점하고 있었다.

달력은 전통시대에는 역서(曆書) 혹은 월력(月曆), 책력(冊曆)이라는 명칭으로 다양하게 지칭되었다. 특히 책의 형태로 제작되어 책력이라는 이름이 많이 사용되었다. 책력은 오늘날의 달력처럼 단순히 시간의 흐름을 나열한 형태가 아니라 일상에 필요한 농경생활 지침서로서 또는 길흉화복에 따른 관습적 일상의 지침서로 활용되었다. 책이라 부를 정도로 다양한 정보가 많았던 것이다.

조선 전기에 1만 부 정도 발행되던 책력은 조선 후기에 30만 부 이상 발행되었다. 30만 부라 해도 소수의 사람들만 책력을 사용할 수 있었다. 당시에 24절기에 맞추어 제작된 책력은 요긴하고 귀중한 대접을 받는 선물이었다.

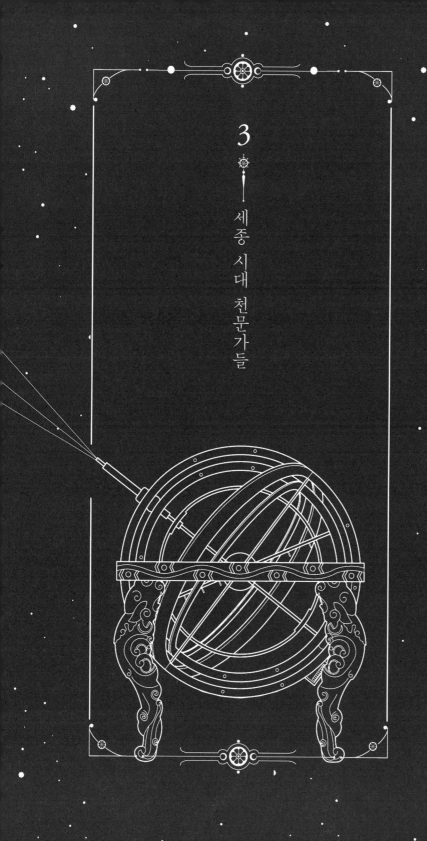

3

세종 시대 천문가들

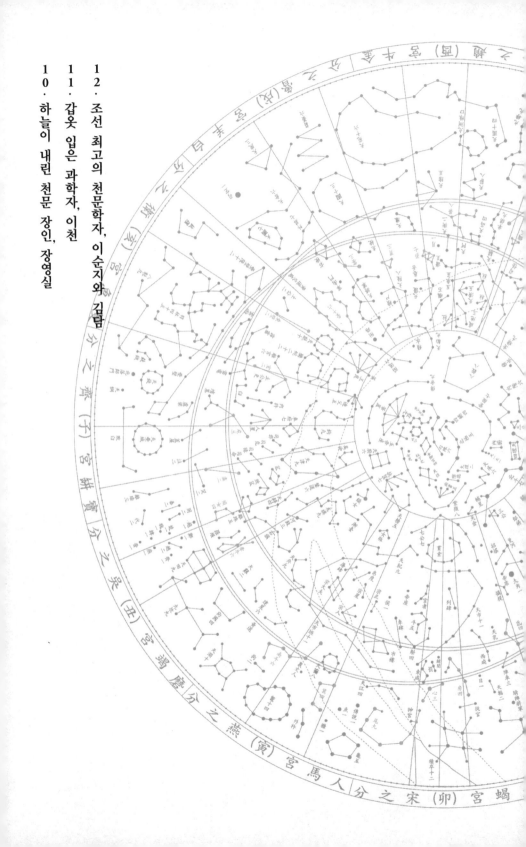

10
하늘이 내린 천문 장인, 장영실

세종을 위해 태어난 인물

———— 자격루를 만든 장영실을 모르는 사람은 없을 것이다.
조선시대 과학자 하면 열에 아홉은 장영실을 떠올린다.
장영실은 이른바 '국민 과학자'이다. 우리가 장영실을 사랑할 수밖
에 없는 가장 큰 이유는 아마도 노비 출신이라는 신분의 한계를 뛰
어넘어 과학적 위업을 달성했기 때문이 아닌가 싶다. 당시 권근의
외손자이자 집현전 학사를 지낸 서거정(1420~1488)은 《필원잡기》에
서 장영실을 이렇게 평가했다.

"장영실은 우리 세종의 훌륭한 천문 사업을 위하여 시대에 응해
서 태어난 인물이다."

서거정은 세종부터 성종에 이르기까지 45년간 여섯 임금을 모신 조선 전기 중신으로 그가 쓴 《필원잡기》는 1444년(세종 26)에 쓰인 것이다. 서거정은 천문을 비롯한 수많은 세종의 업적을 직접 목격하였다. 장영실이 천문 사업에서 어떤 역할을 했는지 잘 알았고 객관적인 평가를 할 수 있는 인물이었다. 장영실에 대한 서거정의 평가는 구체적이다.

세종은 자격루·간의대·흠경각·앙부일구 등을 제작하였는데, 만든 것이 극히 정밀했으며, 모두가 왕의 뜻에서 나온 것이었다. 비록 여러 기술자가 있었으나 왕의 뜻에 맞추는 사람이 없었는데 오직 호군 장영실이 임금의 지혜를 받들어 기묘한 솜씨를 다하니 맞지 않는 것이 없어 왕이 그를 매우 소중하게 여겼다.

장영실은 특별한 인물이었다. 궁궐 안에는 공장이라 불리는 수많은 기술자가 있었지만 유일하게 그만이 세종의 과업을 이룰 수 있었다. 서거정은 장영실과 함께 박연 또한 세종을 위해 태어난 인물로 평가했다. 서거정은 세종을 위해 태어난 인물로 이 두 명을 특별히 언급했다. 장영실과 박연은 천문기기를 만들고 예악을 정비하려는 세종을 위해 하늘이 내린 인물이라 평가한 것이다.

세종과 장영실의 만남

──────── 동래 관노였던 장영실은 뛰어난 재주를 인정받아 궁궐의 장인으로 발탁되었다. 하지만, 신분상 여전히 천민이었다. 세종은 신분을 뛰어넘어 몹시도 그를 아꼈다. 세종의 사랑을 받은 장영실은 마치 구름 위를 걷는 느낌이었을 것이다. 지존이신 왕이 나를 이리도 아껴주다니. 장영실은 세종의 뜻을 받들기 위해 열과 성을 다했다.

세종과 장영실이 처음 만난 때는 기록상으로는 1421년(세종 3) 무렵이다. 하지만 그 이전부터 알던 사이일 가능성이 크다. 정황이 그렇다. 1420년에 일어난 혜성 사건 이후 세종은 본격적으로 왕립천문대 건설에 뜻을 세우고 더욱더 연구에 매달렸다. 이듬해인 1421년 세종은 남양부사 윤사웅과 부평부사 최천구, 동래 관노 출신인 장영실을 내관상감으로 불러 이들과 함께 본격적으로 천문학 공부를 시작했다.

즉위 초에 있었던 혜성 사건 이후로 윤사웅과 최천구는 천문가로서 세종의 무한 신뢰를 받고 있었다. 이들과 함께 1421년부터 갑자기 장영실의 이름이 실록에 등장한다. 이전부터 신뢰가 쌓이지 않았다면 힘든 일이다. 새로운 천문대를 만들려면 천문기기를 만들 장인이 필요한 법이다. 윤사웅과 최천구는 관측을 하는 천문관일 뿐 혼천의 같은 천문기기를 만들 수 있는 기술자는 아니었다. 세종은 장영실이 있었기에 본격적인 왕립천문대의 꿈을 실현할 수 있었다. 실력이 뛰어난 천문관은 만날 수 있었지만, 정밀한 천문기기를 만들 수 있는 천문 장인을 쉽게 만날 수는 없었기 때문이다.

윤사웅, 최천구, 장영실. 이들 3인방은 앞으로 지어질 왕립천문대 건설의 주역이었다. 세종은 이들과 함께 《서경》에 등장하는 선기옥형 제도를 공부하며 왕립천문대 건설이 성공하리라 믿었다. 선기옥형은 일월오성의 운행 원리를 담고 있는 천문기기를 말한다. 《서경》에는 순임금이 나라를 다스릴 때 선기옥형으로 천체의 운행을 살피고 이를 통해 하늘의 도를 본받고자 했다는 내용이 실려 있다. 이후로 선기옥형은 왕권을 상징하며 왕도정치 이념을 구현하는 기기로 여겨졌다.

《서경》에 등장하는 선기옥형은 실제로는 고전 경전에 나오는 모델일 뿐 천문관측을 위한 장비는 아니었다. 천문기기를 책으로만 익히는 데는 한계가 있었다. 실제 관측에 필요한 정교한 천문기기가 필요했다. 그러나 조선의 기술만으로는 새로운 천문 장비를 만들 수가 없었다. 선진 기술, 즉 원천 기술이 필요했다.

명나라로 파견된 장영실

────── 세종은 1421년에 윤사웅과 최천구, 장영실을 명나라에 파견하면서 이들에게 특명을 내렸다.

"영실은 비록 지위가 천하나 재주가 민첩한 것은 따를 자가 없다. 너희들은 중국에 들어가서 각종 천문 기계의 모양을 모두 눈에 익혀 와서 빨리 모방하여 만들어라."

재주가 민첩하기로는 따를 자가 없다는 것이 장영실에 대한 세종의 평가였다. 무엇이든 한 번 보면 그대로 만드는 재주가 있다는 뜻일 것이다. 각종 천문기기 중에서도 세종이 중요시한 것은 보루각과 흠경각이었다. 보루각은 물시계가 있는 전각을 말하고 흠경각은 간의를 비롯한 각종 천문기기가 설치된 곳이다. 왕립천문대 건설에서 간의대와 함께 보루각과 흠경각이 핵심이었다.

장영실이 명에서 보고 온 천문기기는 명나라 것이 아니었다. 명나라 관상대가 건립된 시기는 명나라가 건국되고 74년이 흐른 1442년에 와서였다. 장영실이 명나라에서 돌아온 때가 1422년이니까 20년이나 지난 뒤에 건립된 것이다. 장영실 일행이 보고 온 것은 1279년 원나라 천문학자 곽수경이 제작한 천문기기였다. 곽수경의 천문대인 사천대는 13세기 원나라 수도 북경에 세워진 세계 최대의 천문대였다. 당시 사천대는 현재 북경 건국문 북쪽에 자리 잡고 있었다고 한다.

명나라는 곽수경이 이룩해 놓은 원나라의 최첨단 천문기기를 방치해 놓고 있었다. 멸망한 전 황조의 것이기 때문이었다. 어쩌면 조선으로서는 다행한 일이었다. 명나라의 천문대였다면 경비가 삼엄하여 제대로 조사해 볼 수 없었을 것이다.

명나라로 떠난 지 1년 뒤인 1422년에 장영실과 윤사웅, 최천구가 귀국했다. 윤사웅과 최천구, 장영실이 불과 1년 만에 세종의 특명을 달성하고 돌아왔다는 것은 상당히 놀라운 일이다. 한양에서 북경까지 왕복하는 데만도 4개월이 소요된다. 북경에서 체류한 시간은 불과 7~8개월 남짓이었다. 이 기간 동안 원나라 곽수경이 만든 사천대를 꼼꼼히 둘러보고 천문학 관련 서적이라면 모조리 사서 돌아왔다. 이때 이들이 수집해 온 책 중에 중국의 역대 《천문지》와 1206년에 아랍의 알 자자리(Ibon-Jazari)가 쓴 《정교한 기계장치의 지식서(kitab fi ma'rifat al-hiyal al-handasiya)》가 있었다.

장영실의 임무는 곽수경이 만든 보루각과 흠경각을 직접 눈으로 보고 그대로 모방하여 제작하는 것이었다. 이들이 돌아오자마자 1422년 보루각과 흠경각을 만들기 위한 임시관청이 설치되었다. 임시관청의 이름은 '양각혼의성상도감(兩閣渾儀成象都監)'이었다. 양각은 보루각과 흠경각이다. 장영실은 세종의 바람대로 보루각과 흠경각의 제도를 상세하게 알아 왔다. 아마도 그림으로 자세하게 그려 왔을 것이다. 이제 장영실이 만들 일만 남았다.

출생의 비밀

———— 장영실이 양반이 아닌 까닭에 정확한 생몰 연대는 알려져 있지 않다. 1390년 무렵에 태어난 것으로 추정될 뿐, 사망한 시기도 불분명하다. 그의 과학적 업적은 《조선왕조실록》에도 여러 번 등장할 정도지만, 노비라는 미천한 신분 탓인지 결혼을

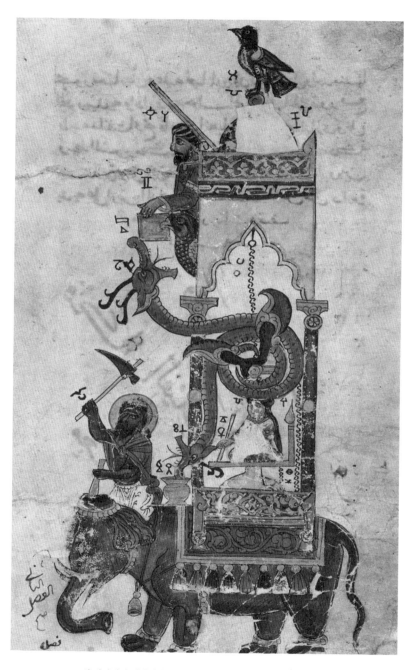

▲ 알 자자리의 저서에 수록된 코끼리 시계(메트로폴리탄 미술관 소장).
알 자자리는 아나톨리아와 시리아 국경 지대에 위치한 작은 토후국인 아르투크조(1101~1409)
궁중에서 활약한 과학기술자였다.

했는지, 자식이 있는지 알 수가 없다.

장영실의 출생에 대한 기록이 전혀 없는 것은 아니다.《세종실록》세종 15년(1433) 9월 16일 자 기사에 정확히 그의 출신 배경이 나온다.

장영실은 그 아비가 본래 원나라의 소주·항주 사람이고 어미는 기녀였다.

부친이 원나라 출신의 중국 귀화인이고, 모친이 기녀라는 것은 조선 사회에서 흔하게 볼 수 없는 가정환경이다. 이 한 줄의 기사는 여러 가지 상상을 하게 만든다.

조선 건국 초 국경 근방의 여진족이 조선으로 귀화한 경우는 드물지 않았으나, 한족이 귀화한 경우는 아주 드물었다. 중국 사대의 예에 어긋난다고 보았기 때문이다. 국경 변방족과 달리 중국 한족이 귀화할 때는 특별한 사연이 있거나 재주가 있는 경우이다. 게다가 조선 여성과 혼인하는 경우는 아예 정착하고 사는 경우에 해당한다. 대개 정부 차원에서 중국인을 붙들기 위해 정략적으로 혼인을 주선하는 경우가 이에 해당한다.

조선 성부가 장영실의 부친이 기녀와 혼인하게 한 것은 아주 특별한 경우다. 기녀는 국가 소속의 신분이기 때문이다. 조선 정부는 왜 장영실의 부친을 기녀와 혼인하게 했을까? 여러 이유가 있겠지만, 그가 조선이 필요로 하는 기술을 가지고 있는 인물이었을 가능성이 제일 크다.

부친의 출신지 또한 흥미롭다. 부친은 원나라인으로 소주·항주 출신인데, 이 지역은 바닷가 부근이다. 부친은 배를 타고 동래 쪽으로 왔을 가능성이 크다. 동래는 고려 말에 왜구 침입이 심했던 지역이다. 장영실이 쇠로 물건을 만드는 공장 일에 재주가 있었다는 것으로 보아 부친은 무기 제조에 필요한 야금술이나 화약 기술자일 가능성이 있다.

장영실은 왜 관노가 되었을까

─────── 《세종실록》에 장영실의 아버지가 중국 원나라 출신이라고 기록해 놓았지만, 전혀 다른 기록도 있다. 《아산 장씨 족보》에 따르면, 장영실은 항주 출신인 장서(蔣壻)의 9세손이고, 부친은 장성휘(蔣成暉)라고 되어 있다. 《아산 장씨 족보》에는 장성휘가 고려 때 귀화한 송나라 후손인 것으로 되어 있다. 일찍이 송나라 출신인 장서가 고려로 망명했고, 그 후손들이 줄곧 뿌리를 내리고 살았던 귀화인 집안인 것으로 명시되어 있다.

부친이 원나라 출신이든 조상이 송나라 귀화인이든 간에 왜 장영실은 관노가 되었을까? 조선시대 노비는 소속에 따라 공노비와 사노비로 구분되었다. 장영실이 동래현의 관노였다는 것은 국가 소속의 공노비였음을 말해준다. 《세종실록》과 《아산 장씨 족보》에 따르면, 부친 장성휘는 천민 출신이 아니다. 부친의 신분을 따른다면 장영실은 관노가 아니다. 장영실이 관노가 된 것은 기녀인 어머니 탓이 크다.

조선시대 관기(官妓)는 신분상 천민에 해당한다. 관기 혹은 관비 소생의 자식들은 비록 아버지가 높은 신분이라 해도 대를 이어 관노비가 되었다. 관아의 온갖 일을 도맡아 한 관노비는 아전의 영향 아래에 있었다. 장영실이 계속 천민으로 있었다면, 족보에 오를 수 없었을 것이다. 나중에《아산 장씨 족보》에 오른 것은 면천이 되어 고위직까지 올랐기 때문이다.

부친인 장성휘가 조선왕조에 들어와 역적으로 몰려 죽고 아들인 장영실이 어머니와 함께 관노가 되었다는 추정도 있을 수 있다. 이런 추정이 불가능한 것은 아니겠지만, 어디까지나 가정일 뿐이다. 다만, 확실한 점은 장영실은 오늘날로 치면 다문화 가정 출신이거나 혹은 후손이었고, 과학 기술에 재능이 비상한 인물이었다는 것이다.

노비 영실을 상의원별좌에 앉히다

──────── 동래현의 관노로 있던 장영실은 어떤 계기로 한양에 입성하여 세종의 사랑을 받는 인물로 성장하였을까?《세종실록》은 장영실이 물건을 만드는 데 있어 보통 사람을 뛰어넘는 재주를 가진 인물이었다고 묘사하고 있다. 처음 그를 발탁한 왕은 태종이었다. 뒤를 이어 세종 또한 그를 아꼈다. 두 왕이 모두 그를

인정한 것이다. 장영실은 관기인 어머니를 따라 동래현 관노로 살았으나, 태종이 전국의 인재를 발탁할 때 천거되었다.

영실은 동래현 관노인데, 성품이 정교(精巧)하여 항상 궐내의 공장 일을 맡았다.

장영실은 이미 태종 대부터 그 능력을 인정받아 궁중 기술자로 종사하였다. 공장 일을 맡았다는 것은 철을 만드는 제련과 축성·농기구·무기 등을 수리하는 솜씨가 뛰어났다는 것을 의미한다. 장영실은 타고난 재주로 조정에까지 알려지고 태종의 부름을 받았다. 궁궐에 들어가 상의원(尙衣院)에 소속되어 일하다 뒷날 세종과 더불어 천문기구 제작에 전념하게 된다.

《세종실록》을 보면 장영실의 지위는 처음에는 동래 관노로 지칭되다가 중간에 궁노로 바뀌어 있다. 이는 장영실이 동래현의 관노로 있다가 임금이 사는 궁궐로 이동했기 때문이다.

세종은 장영실이 1422년 명나라에서 돌아오자마자 곧바로 노비신분에서 벗어나게 해 주고 싶었다. 1422년과 1423년 두 차례에 걸쳐 세종은 장영실에게 상의원별좌라는 관직을 주려 했다. 그러나 조정의 반대가 극심했다. 2년 전에도 세종은 신하들의 반대에도 불구하고 천문관에게 경기도 지방관을 제수했지만, 이번 경우는 달랐다. 신하들의 반대를 물리치기가 쉽지 않았다.

하는 수 없이 세종은 이조판서 허조(1369~1439)와 병조판서 조말생(1370~1447)을 불러 의견을 물었다. 오십 줄에 다다른 두 중신은 부왕인 태종의 총애를 받은 신하들이었다. 이 두 사람이 찬성만 하면 다른 신하들이 따르지 않을 수 없었다. 세종이 나직이 물었다.

"이번에 공을 세운 영실이를 상의원별좌에 앉히려 하는데 경들의 생각은 어떻소?"

"전하, 기생의 소생을 상의원에 임용할 수는 없습니다."

이조판서 허조는 반대했다. 강직한 성품의 허조는 평소 눈치 보지 않고 소신껏 자신의 의견을 말하는 편이었다. 세종의 마음을 헤아리지 못하는 것은 아니지만, 면천도 아니고 궁노에게 벼슬을 내린다는 것은 부당한 일이었다. 묵묵히 생각에 잠긴 조말생이 말을 이었다.

"제 생각엔 불가능하지 않습니다."

장영실의 면천과 별좌 벼슬을 두고 허조는 반대했고, 조말생은 '가능하다'라고 했다. 조말생이 가능하다고 한 이유는 알 수 없으나 고려 말에 서운관의 실무 책임자였던 서운관정 조의(趙誼)가 그의 부친이다. 조말생은 장원급제자 출신으로 승승장구한 권신이지만, 부친은 고려 말에 천문을 담당한 관료였다. 부친이 서운관정을 지내서 그런지 조말생은 장영실을 감싸 안았다.

두 대신의 의견이 일치하지 않자 세종은 재상들을 불러 이 문제를 상의했다. 대신 중에 영의정을 지낸 유정현(1355~1426)이 "상의원에 임명할 수 있다"라고 하자 세종은 곧바로 장영실을 상의원별좌로 임명했다. 이때가 1423년 무렵이다. 상의원은 왕의 의복과 궁중에서 사용하는 물품을 담당하는 기관이다. 여기서 별좌는 종5품의 문반직이다. 조선시대 별좌직은 대개 녹봉이 없는 이른바 무록관(無祿官)이었다. 그러나 무록관이 본격적으로 등장한 때는 세조 이후이므로 장영실이 받은 별좌직이 무록관인지는 불분명하다. 종5품의 별좌직은 상징적인 자리였지만, 대단히 파격적인 조처였다.

이후에도 장영실이 자격루 제작에 성공하자 세종은 공로를 치하하고자 품계를 더 높여 정4품 벼슬인 호군(護軍)의 관직을 내려주려 했다. 이때도 반발이 많았다. 그러나 황희가 "김인이라는 자가 평양의 관노였으나 날래고 용맹하여 태종께서 호군에 특별히 제수하신 적이 있으니 유독 장영실만 안 된다고 할 수 없다"라고 찬성하자 세종은 장영실에게 호군이라는 관직을 내렸다. 이후 장영실은 종3품 대호군의 지위에까지 올랐다.

왕의 가마인 안여가 부서진 사건

———— 장영실이 직접 남긴 글은 하나도 없다. 게다가 1442년 (세종 24) 종적을 감춘 이후 어떻게 살고 죽었는지조차 전혀 알려진 바가 없다. 세종의 총애를 받던 그가 갑자기 행적이 묘연해진 이유는 알다시피 안여(安輿)가 부서진 사건 때문이다.

대호군 장영실이 안여 만드는 것을 감독하였는데 튼튼하지 못하여 부러지고 허물어졌으므로 의금부에 내려 국문하게 하였다.

-《세종실록》 세종 24년 3월 16일

안여가 부서진 때는 세종이 즉위한 지 24년째인 1442년 음력 3월 무렵이다. 부서진 정황에 대한 자세한 내용은 찾아보기 힘들다. 다만 안여 제작을 감독한 대호군 장영실을 의금부에서 국문하도록 하였다는 기록만이 있다. 도대체 안여가 무엇이기에 조선 최고의 장인인 장영실이 의금부에 하옥된 것일까.

안여는 왕이 타는 가마였다. 조선시대 왕은 걸어서 이동하지 않았다. 왕뿐만 아니라 지체가 높은 양반도 걷지 않고 가마를 탔다. 물론 가마는 신분에 따라 크기와 모양이 달랐다. 어가 행렬에서 왕의 가마는 가장 중요한 것이었다. 왕이 탄 가마가 움직이는 것은 국가가 움직이는 것이었고, 왕이 탄 가마가 머무르는 곳이 곧 왕궁이었다. 그런 큰 의미를 지닌 어가가 부서진 것이다. 조선 최고의 장인인 장영실이 만든 가마였고, 전시 상황도 아니었는데 말이다. 게다가 안여는 낡은 가마도 아니었다.

안여는 장영실의 작품이다

—————— 1442년 장영실은 임금이 탈 안여를 만드는 일에 참여했다. 장영실의 임무는 제작감독이었다. 아마도 설계를

142

담당했을 것이다. 장영실이 안여를 설계했다는 것은 안여가 특별한 어가였다는 뜻이다. 장영실이 감독하여 제작했다는 세종의 '안여'는 어떤 모양이었을까?

안여의 모양을 정확히 알려주는 기록은 없다. 흥미로운 것은 안여라는 용어가 유일하게 《세종실록》에만 등장한다는 점이다. 실록뿐만 아니라 다른 문헌 기록에도 안여라는 단어는 찾아볼 수 없다. 안여라는 왕의 가마는 왜 《세종실록》에서만 언급되고 있을까? 아마도 안여는 장영실이 처음 만든 새로운 형태의 어가였기 때문일 것이다.

조선시대 왕이 타는 가마는 용도에 따라 달랐다. '가(駕)'는 왕이 궐 밖으로 먼 길을 떠날 때 타는 가마로 말이 끌거나 사람이 메기도 했다. '연(輦)'은 왕이 주로 궐내나 근거리에서 타는 가마이고, '여(輿)'는 사람이 메는 가마이다. '안여'라면 여의 종류인데 보통 여는 대여(大輿) 혹은 소여(小輿)라 하여 바퀴 없이 사람이 드는 가마를 말한다. 바퀴 없는 '여'가 부서지는 일은 거의 없다.

바퀴가 없는 기존의 '여'와 달리 장영실이 만든 안여는 수레바퀴가 달린 어가였을 가능성이 크다. 바퀴를 달았다는 것은 궁궐 내부용이 아니라 궁궐 밖으로 행차할 때 사용하고자 한 것이다. 바퀴를 달아 편안하게 이동하려는 목적에서 편안할 '안(安)' 자를 붙인 '안여'라는 이름의 어가가 탄생한 것이다.

장영실을 내친 세종의 속내

──────── 다시 《세종실록》을 살펴보자. 1442년 3월 3일 세종은 강무(임금이 신하와 백성들을 모아 일정한 곳에서 함께 사냥하며 무예를 닦는 행사)와 온천욕을 위해 강원도 이천 온정(溫井, 온천) 행궁으로 출발했다. 장영실이 만든 안여가 사용된 것이 바로 이때다. 안여는 세종의 강원도 행차 날에 맞춰 제작되었고, 이날 처음 사용되었다. 3월 3일 경복궁을 출발한 세종은 이틀 후인 3월 5일 강원도 철원에 도착했다.

대군들과 강무를 하며 이동하던 세종이 이천 행궁에 도착한 날이 3월 16일이다. 바로 그날 장영실은 의금부에 하옥되었다. 안여는 최소한 3월 16일 이전에 부서졌음을 알 수 있다.

강원도 이천군은 큰 산과 하천이 둘러 있어 비가 오면 수재(水災)가 일어나는 곳이었다. 가뜩이나 몸도 안 좋은 세종이 길이 험한 곳으로 행차한 것이다. 설상가상으로 3월 14일에 이천군 일대에 비가 많이 내렸다. 세종은 모든 일정을 거두고 이천 행궁을 향해 어가를 재촉하였다. 고생 끝에 이천에 당도했다.

이천군의 산세가 험하고 수재의 위험이 있다는 사실을 뒤늦게 안 황보인과 김종서는 이곳에 왕이 오래 머물러서는 안 된다고 판단했다.

"전하, 옛말에 부호의 자식은 마루 끝에 앉지 않는다고 했습니다. 하물며 주상전하께서 이런 험지에 오래 머무는 것은 불가합니다."

세종은 망설였다. 오랜 기간 준비해서 큰마음을 먹고 행차한 곳이었다. 강원도가 쉽게 올 수 있는 곳도 아니었다. 세종은 두세 달 머물러 있다가 궁궐로 돌아갈 작정이었다.

김종서는 얼굴을 붉히며 관원들을 책망했다.

"너희들이 사전에 이곳을 살펴보고 오지 않았느냐? 길이 험하다는 것을 알면서 왜 왕에게 고하지 않고 이곳으로 행차하게 했느냐?"

"죽여주시옵소서!"

세종의 강원도 행차 여정은 길이 험하고 봄비까지 내려 어려움이 많았다. 안여가 부서질 때 세종이 타고 있었는지는 알 수 없다. 바퀴가 달린 안여 외에 세종은 대가(大駕)도 탔기 때문이다. 산을 오르게 되면 바퀴가 있는 안여는 탈 수가 없다. 세종이 안여를 탔던 대가를 탔던 분명한 것은 세종이 이천으로 이동하던 중에 안여가 부서진 것이다.

이천에 도착하고 3일 후인 3월 19일에 세종은 신하들에게 말했다.

"환궁할 때에는 평강(平康) 이남에서는 안여(安輿)를 탈 수 있을 것이고, 평강 이북에서는 길이 험하고 산이 막혀 안여를 타지 못할 것이나, 그중에는 더러 평탄한 길이 있다. 지난번 올 때는 수레를 잘 제작하지 못하여 도중에 부러지고 허물어졌으니, 지금부터라도 그것을 잘 마련한다면 그렇게 부러지거나 망가지는 일을 방비할 수 있을 것이다.

만약 여(輿)를 타고 돌아간다면 그것을 메고 갈 인부가 대개 500여 명이나 소요될 것이니, 이 근방에 있는 고을 백성들을 오게 함이

좋을 것 같은데, 어떻게 하면 좋겠는가?"

부서진 안여에 대한 세종의 반응이 의외로 담담하다. 게다가 부서진 안여를 다시 고쳐서 타겠다고 말하고 있다. 메고 갈 인부로 백성 500명을 동원하라고 지시할 정도로 적극적이다. 부서진 안여를 고치지 않으면 버리고 와야 하는 문제점도 있었을 것이다. 세종이 환궁하는 길에 안여를 고쳐 탔는지는 알 수 없다. 다만 세종의 반응으로 볼 때 안여가 부서졌다는 이유만으로 장영실을 내쳤다는 것은 납득하기 어려운 점이 있다.

장영실이 갑자기 사라진 이유에 대한 몇 가지 해석

———— 어쨌든 왕이 타는 안여가 부서졌으니 처벌은 당연한 일. 장영실은 의금부에서 국문을 당했다. 조선시대에 국왕이 타는 가마나 수레에 문제가 생긴 경우는 기록상 세종 대를 제외하고 찾아보기 힘들다. 왕이 타는 가마이니 오죽 잘 만들었을까. 게다가 수많은 장정이 메고 가므로 길이 나쁘다 해도 딱히 크게 부서지기는 힘들다. 그런데 왜 하필이면 조선 최고의 장인이라 불리는 장영실이 만든 안여가 부서졌을까? 오랜 기간 세종과 천문 사업을 함께한 장영실은 안여가 부서진 사실을 듣고 어떤 생각이 들었을까?

장영실을 벌 주라는 사헌부의 탄핵이 계속 올라오자 세종은 한

참을 망설였다. 결국 세종은 장영실을 벌 주기로 결심했다. 장영실을 비롯한 관련자들은 불경죄에 해당되어 관직에서 파면되었고 곤장형에 처해졌다. 그토록 아끼던 장영실에 대해 세종이 배려해 준 것이라고는 곤장 100대 형을 80대로 감해 준 것뿐이었다. 과거 장영실의 실수에도 과감히 눈감아 준 전력과는 차이가 있었다.

세종은 조순생(?~1454)에 대해서는 처벌하지 말라고 지시했다. 조순생은 안여가 견고하지 않은 것을 보고도 장영실에게 부러질 리가 없다며 장담했던 인물이다. 조순생이 개국공신인 조인옥의 손자라는 점이 고려되었다고 하더라도, 아무런 처벌을 내리지 않았다는 것은 공평하지 않은 처사였다. 여러 정황으로 미루어보아 장영실에 대한 세종의 과도한 처벌에는 특별한 배경이 있지 않았을까 하는 의혹을 불러일으킨다.

세종의 남다른 관심과 장영실의 재주를 고려해 볼 때 장영실이 안여 사건으로 갑자기 종적이 묘연해진 데는 석연치 않은 구석이 있다. 이 의문점을 밝혀줄 자료는 현재까지는 없다. 드라마나 영화에서는 이 부분에 대해 상상력을 발휘하곤 한다. 2019년 개봉된 영화 〈천문〉에서는 간의대 사업으로 명나라와의 외교 문제가 발생하자 장영실을 보호하려고 세종이 자작했다는 해석을 내놓았다. 기존 자료를 토대로 영화적 상상력을 발휘한 셈이다. 이 밖에 세종이 추진한 천문 프로젝트가 끝나 장영실이 더 이상 필요 없게 되어 내쳤다는 해석도 있다. 하지만 어느 것도 확실한 근거가 있는 것은 아니다.

양반 사대부 중심의 조선 사회에서 노비 출신의 기술자가 종3품이라는 높은 벼슬에 오른다는 것은 매우 희귀한 경우다. 장영실이 이룬 업적은 조선 최초의 천문관측대인 간의대를 비롯해 대간의, 소간의, 규표, 앙부일구, 일성정시의, 천평일구, 정남일구, 현주일구, 갑인자 등 이루 헤아릴 수 없을 정도로 많다. 그런 그가 더 이상 재주를 펼치지 못하고 공직에서 완전히 사라진 이유가 실록이 기록한 대로 불경죄 때문이었을까? 아니면 세종의 깊은 뜻이 있었던 것일까? 이 의문에 답을 알려주는 기록은 없지만, 세종의 깊은 뜻이 있었을 것이라 짐작한다.

11

갑옷 입은 과학자, 이천

이성계에 의해 풍비박산난 가문

─────── 세종의 천문 프로젝트에서 빠질 수 없는 또 한 사람이

있으니, 바로 이천(李蕆, 1376~1451)이다. 이천은 고려

우왕 2년 경상도 예안현 영지산 기슭의 이상동에서 태어났다. 이상

동은 현재 경상북도 안동군 도산면 동부동이다. 이천은 세종 대에

장영실 못지않은 활약과 업적을 남긴 인물이다. 과학사 연구자들은

장영실보다 이천의 공적을 더 높이 평가하기도 한다.

　이천의 인생 역정은 한 편의 드라마와도 같다. 그는 고려시대 잘

나가던 명문가 출신이었다. 부친은 군부판서를 지낸 이송(李㧣)이며,

조부 이승은 종3품의 성균관 좨주를 지냈다. 어머니는 고려 말 문하

부사를 지낸 염제신의 딸이자 권세가였던 염흥방(廉興邦, ?~1388)의

누이동생이다.

이천의 외숙인 염흥방은 원래 신진사대부 출신으로 개혁파였다. 부친은 곡성부원군 염제신이다. 명문가 출신인 염흥방은 공민왕 때 과거에 장원급제하였으며 학식이 뛰어났다. 여러 관직을 거쳐 정3품의 밀직사 좌대언까지 승진하던 중 1362년(공민왕 11)에 홍건적이 고려 개성을 침략하자 이를 평정한 공으로 2등공신에 책록되었다. 1374년(공민왕 23) 제주에서 목호(牧胡, 몽골 출신의 말을 키우는 목자)의 난이 일어나자 도병마사가 되어 최영의 휘하에서 출전해 난을 진압했다.

승승장구하던 염흥방은 우왕 즉위 이후 권세가인 이인임(李仁任, ?~1388)의 눈 밖에 나 유배를 갔다. 해배된 이후에는 완전히 이인임에게 아부하며 변절의 길을 걸었다. 염흥방은 이인임, 임견미의 말이라면 무조건 따르고 이들과 함께 권력을 독차지해 벼슬을 파는 등 전횡을 일삼았다. 최영과 이성계는 1388년 부정축재와 비리 행위로 이인임·임견미와 함께 염흥방을 처단하였다. 염흥방뿐 아니라 그와 연관된 사람은 모두 참수형을 받았다. 처와 딸들은 관노가 되었고 어린 젖먹이까지도 임진강에 던져져 죽임을 당했다. 멸절의 가문이 된 셈이다.

이천은 금수저를 물고 태어났지만, 외숙인 염흥방으로 인해 집안이 산산조각이 났다. 염흥방과 처남 매부 간이었던 이천의 부친 이송은 참수형을 당했다. 어린 이천도 목숨이 위태로운 상황이었으나 한 승려의 도움으로 아우 이온과 함께 동굴에 피신하여 겨우 목숨을 부지하였다.

남편이 죽자 이천의 어머니 염씨는 오늘날로 치면 서울시장에 해당하는 개성윤 변남룡에게 개가하여 목숨을 부지하였다. 그런데 태종 원년인 1401년에 하륜의 외친이었던 변남룡마저 처형되었다. 변남룡은 역모에 가담했다는 죄목으로 변혼을 비롯한 세 아들과 함께 죽임을 당했다. 변남룡의 무고는 곧 밝혀졌다. 억울한 죽음이었다. 이처럼 여말선초 정치적 혼란기에 이천 가문은 풍비박산이 되고 말았다.

이 무렵 이천의 행적에 대해선 상세한 기록이 남아 있지 않다. 불행했던 가족 이야기를 굳이 남기지는 않았을 것이다.

《태종실록》에는 변남룡 부자에 대한 흥미로운 기사 하나가 전한다. 변남룡이 염씨와 재혼한 후 그 아들 변혼 또한 염씨의 딸과 혼인한 것이다. 태종은 아들 변혼이 염씨 딸과 혼인한 것이 옳지 않다하여 이혼을 시켰다.

이천의 어머니 염씨는 변남룡과의 사이에 효민·효경 두 아들을 낳았다. 두 아들 모두 과거에 급제하여 벼슬길에 나갔다. 변효민은 1429년(세종 11) 정초(鄭招) 등과 《농사직설》을 편찬하였고, 변효경은 병조참의를 지냈다.

무관으로 출세하다

─────── 이천의 부친은 이성계 일파에게 죽임을 당했지만, 이천은 태조부터 세종까지 조선왕조에 헌신했다. 이성계 일파야말로 부친을 죽인 원수라 할 수 있겠지만, 그는 집안일로 자신의 인생을 수렁으로 몰진 않았다. 그런 측면에서 보면 이천은 배포가 아주 큰 인물이라 할 수 있다.

이천은 1393년(태조 2) 열여덟 살에 비록 하위 무관직이지만 별장이라는 자리를 얻었다. 이어 1402년 무과 초시, 1410년 무과 중시에 모두 급제하여 무관으로 이름을 날리기 시작했다. 그의 나이 35세였다. 그의 아우 이온도 1401년(태종 1)에 문과에 급제하였다. 형제가 문무 양반에 나란히 입신출세한 셈이다.

이천을 태종에게 천거한 인물은 하륜(1347~1416)이었다. 하륜은 정도전과 대립하며 태종이 왕위에 오르는 데 기여한 인물이다. 하륜은 이천을 태종에게 천거하며 다음과 같이 말했다.

"충과 효를 중히 여기며 맡은 일에 책임을 다하는 사람입니다. 특히 입이 무거워 비밀을 전하지 않습니다."

이천은 동지총제, 충청도병마절도사 등을 지내고 1415년 공조참판으로 부임하여 황해도 일대 은광 개발을 담당하였다. 아마도 이 무렵 은광 개발에 관여하면서 금속이나 광물에 대한 식견이 높아진 것으로 짐작된다. 이때 경험이 세종의 명으로 장영실과 함께 갑인자 등 금속활자를 만드는 데 밑거름이 되었다.

이천이 태종 대에 활약한 기록은 거의 전해지지 않아 자세히 알 수가 없다. 그의 활약이 자세히 기록된 시기는 세종 대이다. 세종 원년인 1419년에 첨절제사가 되어 대마도 정벌에 나가 큰 공을 세우고 좌군동치총제로 발탁되었다. 이어서 경상해도조전절제사가 되어 경상도로 파견되기도 했다. 조전절제사는 왜구와 여진족의 침략이나 정벌 등과 관련하여 임시로 파견됐던 정3품 무장이다.

이듬해인 1420년에 이천은 충청도병마도절제사가 되었다. 무장 출신인 이천이 과학적 재능을 발휘하기 시작한 것이 이 무렵부터다. 세종 대 충청도병마도절제사의 근무지인 병마도절제사영은 서해안과 인접한 충청남도 해미에 있었다. 해미에 설치한 이유는 고려 말부터 극심했던 왜구의 침입에 대비하기 위해서였다.

고려 말부터 왜구는 전라도와 경상도 해안뿐만 아니라 수도였던 개경 인근까지 위협할 정도였다. 조선 건국 후 태조가 "국가에서 가장 근심스러운 것이 왜적보다 심한 것이 없다"라고 토로할 정도였다. 건국 초부터 왜구를 소탕하려는 논의가 활발했고 그런 배경에서 충청도병마도절제사영을 덕산에서 바닷가 부근인 해미로 옮기게 된 것이다.

충청도병마도절제사 이천의 과학적 재능은 제일 먼저 병선을 만드는 데 발휘되었다. 이천은 왜구가 버리고 간 배들을 보면서 조선의 배를 개량할 욕심을 내었다.

"바닷물이 닿는 배 밑바닥이 제일 잘 썩는데 이것을 막는 방도가 없을까?"

이천은 이 문제를 시정하기 위하여 판자와 판자를 이중으로 붙이는 갑조법(甲造法)을 고안해 냈다. 우리나라 전통 선박 제조법은 단조법이라 하여 외판을 1겹으로 하고 나무못을 사용하는 방식이었다. 나무못을 사용하면 만들기는 편한데 배를 상자형으로 만들 수밖에 없어 속도가 느리고 밑바닥이 빨리 썩어 수명이 짧다는 단점이 있었다. 반면, 이천이 개발한 갑조법은 접합부에 쇠못을 사용하여 선박의 수명을 크게 늘리는 장점이 있었으나 제대로 만들기 힘들고 실용성이 낮아 실제 크게 채택되지는 못하였다.

조선의 인쇄술을 업그레이드한 주인공

──────── 이천은 학문이 깊지는 않았으나 사물을 깊이 헤아리고 궁리하여 무엇인가를 만들어내는 재능을 타고난 인물이었다. 이 점은 장영실과 비슷하다. 장영실 또한 배움이 깊은 것은 아니었으나 사물을 관찰하고 원하는 것을 그대로 만들어내는 능력이 탁월했다. 두 사람 모두 그 재능이 두드러져 태종과 세종에 의해 발탁되고 중용되었다.

이천이 금속을 합금하는 능력을 인정받기 시작한 것은 제사에 사용되는 그릇인 제기를 만들면서부터였다. 왕실 제사에 사용하던 제기는 흙이나 나무가 아닌 쇠로 만들었는데 이천이 만든 제기는 이전과 비교되지 않을 정도로 정교하였다. 세종이 즉위하고 두 달 뒤에 이천은 공조참판으로 있으면서 남급(南汲, 조선시대 과학자)과 함께 왕실 제사에 쓰는 제기 제작을 맡아 성공적으로 끝내고 포상을 받았다. 아마 이때 이천이 만든 제기는 기존의 제기와 다른 질 좋은 제기였을 것이다.

철이나 금속의 강도를 높이기 위해서는 합금을 하게 되는데 이 과정에서 이천은 탁월한 능력을 발휘했다. 이천의 합금 능력은 1420년 경자자(庚子字)에 이어 1434년 중추원지사로 있으면서 갑인자를 만드는 등 세종 대 인쇄술 발달에 크게 공헌했다.

'쇠를 떡 주무르듯' 다루는 이천이었지만 활자 제작 기술은 난생처음이었고, 전혀 알지 못했다. 이에 이천은 김돈, 김빈, 장영실, 이세형, 정척, 이순지 등 당시 과학 관련 젊은 인재들을 총동원하여 공역을 관장하며 새 활자 개발을 위해 온갖 연구를 거듭했다.

이천의 과학적 재능은 세종의 마음을 움직였다. 세종은 청동 활자를 만들겠다는 야심 찬 계획에 이천을 참여시켰다. 세종은 외방에 나가 있던 이천을 공조참판에 임명하여 중앙으로 불러들였다. 세종의 명을 받은 이천이 경자자를 만든 때가 바로 1420년이다. 아울러 도성을 보수하는 일도 겸직하였다. 이 무렵 이천은 몸이 열 개라도 모자랄 지경이었다.

조선 활자본의 백미 갑인자를 만들다

──────── 조선왕조는 제3대 왕인 태종 대에 와서 비로소 그 기틀
이 잡혔다. 왕조의 기반이 안정되자 우선 행정기구를
개혁하여 독자적인 관제로 정비하는 한편, 억불숭유책을 국시로 한
숭문정책을 펴나갔다. 이를 위해서는 유생들에게 학문을 권장하는
일이 무엇보다도 중요했으므로 책의 인쇄 보급이 절실하였다. 이런
시책에 부응하여 만든 동활자가 '계미자(癸未字)'였다.

계미자는 조선 최초의 동활자로 1403년(태종 3)에 만들어졌다. 계
미자는 모양이 크고, 가지런하지 못하며, 주조가 거친 기술적 문제
가 있었다. 특히 활자를 고정하는 밀랍이 녹으면서 글자가 쏠리고
비뚤어지는 경우가 많았다. 밀랍의 성질이 부드러워 응고력이 약하
기 때문에, 인쇄 도중 자주 활자가 흔들리고 기울어져 수시로 밀랍
을 녹여 부어 바로잡아야 했다. 그 결과 밀랍의 소비량은 엄청나게
많으면서도 하루에 찍어내는 양은 겨우 몇 장에 지나지 않았다.

주조가 거친 데다가 인쇄하는 도중에 활자가 자꾸 움직여서 인쇄
능률이 오르지 않자 세종은 이천을 불러 새로운 금속활자를 만들게
했다. 이천은 밀랍 대신 녹지 않는 대나무를 끼워 넣는 획기적인 신기
술을 개발해 인쇄할 때 활자가 밀리지 않는 방법을 고안해 냈다. 계미
자의 기술적 문제점을 개선하고 활자 개량에 나선 지 2년 만인 1420
년 이천은 새로운 활자 '경자자'를 만들었다. 경자자는 계미자의 단점
을 대폭 개선한 것으로 20여 장을 한 번에 인쇄할 수 있었다. 게다가

계미자보다 활자 크기가 작으면서도 정교했고, 글자체가 아름다웠다.

이천이 만든 경자자는 조선 최초의 동활자인 계미자의 단점을 보완하여 만든 두 번째 동활자이다. 1420년이 경자년이라서 경자자라고 이름 붙인 것이다. 경자자에서 조선의 주자 기술은 2단계 개량을 보았다.

혹자는 이천이 경자자를 만든 이후 장영실을 세종의 천문 사업에 추천한 것으로 추정하곤 한다. 세종이 장영실과 천문 공부를 시작한 때가 1421년이므로 정황상 그렇게 볼 수도 있을 것이다. 그러나 장영실은 태종 대부터 왕이 아끼는 인물이었으니, 이미 그 이전부터 세종과 인연이 있었을 가능성이 크다고 본다.

이천은 이에 머물지 않고 경자자를 개량하고 발전시켜 더 완벽해진 '갑인자'(甲寅字)를 만들어냈다. 갑인자는 1434년(세종 16)에 만들어진 동활자로 '위부인자'라고도 한다. 갑인자는 앞서 만든 경자자를 더욱 개량한 것이다. 1420년에 만든 경자자의 글자체가 가늘고 빽빽하여 보기가 어렵다는 단점이 제기되자 좀 더 큰 활자가 필요하다 하여 1434년 갑인년(甲寅年)에 왕명으로 주조된 활자이다. 갑인자는 우리나라 활자본의 백미로 평가받는 활자이다.

조선왕조 입장에서 인쇄술을 개량하여 많은 서적을 편찬하는 것은 지식 정보 전달이나 보관 이상의 큰 의미가 있었다. 서적 보급은 백성들의 의식 수준을 올리고 왕조의 정책을 널리 홍보하는 효과를 기대할 수 있었기 때문이다.

특히 갑인자 주조 사업을 총괄한 이천과 그를 도운 인물들은 세종조의 과학문화를 이끌어낸 주인공들이다. 장영실, 김돈, 정척, 이순지 등이 이천을 도와 조선 인쇄술을 한 단계 업그레이드한 주인공들이다.

변계량과 김빈은 갑인자를 만든 후에 "우리나라의 그지없는 복이요" "만세에 걸친 보배"라고 극찬하였다.

갑인자는 조선조 청동 인쇄기술의 백미로, 주조된 글자가 무려 20만 자에 이르며 하루에 40여 장을 인쇄할 수 있었다. 현존하는 활자는 없고 인쇄본으로 《신편음점성리군서구해(新編音點性理群書句解)》 등 갑인자로 찍은 책이 남아 있다.

중국에도 없던 사륜차를 발명하다

─────── 인쇄 활자의 개발 외에도 과학자로서 이천의 활약은 눈부시다. 표준 저울을 만들어 전국에 배포하였고 중국에서 견문한 사륜차를 개발하였다. 중국이나 조선이나 말이 끄는 마차는 전부 이륜차였다. 사람이 타는 곳에 이륜을 배치하고 앞 부분은 이륜 대신 말 한 필이나 두 필을 세웠다. 이륜차보다는 사륜차가 훨씬 균형 잡기에 좋다는 것은 누구나 아는 사실이다. 이륜차는 사람이 타는 데는 문제가 없으나 화물을 싣는 데는 한계가 있었다.

몸집이 큰 세종이 타는 데는 이륜보다는 바퀴가 네 개 달린 사륜차가 더 적합했다. 이천은 앞바퀴와 뒷바퀴의 크기를 다르게 설계했다. 앞바퀴를 뒷바퀴의 ½로 작게 만들었다. 산이 많은 우리나라 지형의 특수성을 살린 것으로 앞바퀴가 작으면 경사면을 따라 올라가도 수평이 유지될 수 있었다. 반대로 경사면을 따라 내려갈 때면 수레의 방향을 바꾸면 되고 평지에서는 가마로 옮겨 타면 되었다. 운전은 사람이 하되 여러 사람이 가마처럼 앞에서 끌고 뒤에서 밀 수 있게 설계하였다. 네 개의 수레바퀴는 나무로 제작되었는데 이천은 별장 장영실에게 제작하도록 했다. 아울러 말 두 필이 끌 수 있는 마차도 설계하였다.

이천이 만든 사륜차가 처음 사용된 것은 1422년(세종 4) 태종이 헌릉에 묻힐 때였다. 현재 서울 서초구 내곡동에 있는 헌릉은 대모산 자락에 있는데 평지보다 높은 구릉에 자리 잡고 있다. 태종의 시신이 있는 관을 메고 구릉을 오르려면 몹시도 힘들었을 것이다. 이때 기막힌 아이디어를 낸 인물이 이천과 장영실이다.

《세종실록》에는 이때 사용된 사륜차에 대해 다음과 같이 기록되어 있다.

임금이 백관을 거느리고 천전(遷奠, 매장하기 전에 올리는 제사)을 거행하고, 재궁(梓宮, 왕의 시신이 들어있는 관)을 받들어 현궁(玄宮, 왕의 무덤)이 있는 산 언덕을 향하였다. 공조참판 이천이 사륜차를 만들었는데, 앞은 낮고 뒤는 높게 하여, 재궁을 받들어 끌고 산으로 오르기가 평지에 있는 것과 같았다.

이천이 사륜차를 만들자 세종은 몹시 기뻐했다. 사륜차는 중국에도 없는 새로운 발명품이었다. 《세종실록》에는 비록 장영실의 이름이 나오지 않지만, 아마도 사륜차 제작에 장영실도 관여했을 것으로 보인다. 훗날 세종을 위해 만든 안여는 이천의 사륜차를 장영실이 개량한 것이 아닌가 추측된다.

1431년에 이천은 세종의 명을 받아 근정전의 화재에 대비하여 쇠고리를 장치하기도 하였다. 경복궁 근정전은 2층 목조건물로 왕이 신하들의 조하를 받는 곳이다. 돌계단 위에 높게 위치하고 있는 건물이라 화재가 나면 진입하는 데 시간이 걸려 불 끄기에 어려움이 있었다. 세종은 이천에게 "근정전 건물과 옥상에 불 끄기 쉽게 긴 쇠고리를 연결하면 어떤가?" 하는 제안을 했다. 이천은 세종의 명을 받아 근정전뿐만 아니라 경회루와 사정전, 문무루와 인정전 등 궁궐 안에 화재가 났을 때 타고 올라갈 쇠고리를 만들었다.

이천은 세종의 명으로 조선의 군선을 개량하고 노궁(弩弓)도 개발하였다. 노궁은 우리말로 쇠뇌라고도 하는데 고조선 시대부터 사용된 것으로 추정된다. 노궁은 사정거리가 멀고 살생력이 강력한 활이다. 전쟁 시에 강력한 무기로 활용되어 왔다. 신라나 고려도 사용했다고 하는데, 고려 말에 원 간섭기를 거치면서 노궁 제조법은 잊혔다. 노궁을 만들 줄 아는 이가 없자 세종은 왕궁에 있는 도자기에 그려진 그림을 참조하여 노궁을 만들라고 지시를 내린 것이다.

장영실의 스승이자 후견인

─────── 이천은 장영실의 스승이자 후견인 같은 인물이다. 이천과 장영실이 언제 만났는지는 알 수 없으나, 장영실이 이천의 근무지였던 상의원에서 일했던 것으로 보아, 이천이 장영실을 상의원으로 적극 끌어들이지 않았을까 싶다. 이후 이천은 장영실과 함께 세종의 천문대 사업을 이끌었다.

이천은 1432년(세종 14)에 간의대 사업이 시작되자 간의대를 건설하는 작업을 맡았다. 간의대에는 1년의 길이를 측정하는 규표, 별자리를 측정하는 혼의와 천구의인 혼상, 별자리로 시각을 정확히 측정하는 일성정시의를 제작하여 설치하였다. 또한 장영실이 자격루와 흠경각의 물시계를 만드는 데 큰 역할을 하였다.

이천은 호조판서로 있으면서 장영실과 더불어 간의·혼의·앙부일구 등 천문기구 제작을 지휘했다. 1434년 갑인자를 만드는 데 참여했고, 1437년 평안도도절제사로서 여진족을 토벌하고 4군의 설치를 건의하여 이를 실현했다. 그해 10월 노모 염씨를 만나기 위해 귀향하자 세종은 그를 위한 잔치를 베풀어 줄 정도로 신임했다.

1440년 국경 지역에 여진족이 침략하여 사람과 짐승을 죽이는 사건이 발생했다. 이 일로 국경 수비의 책임을 지고 있던 이천은 파직되어 천안으로 귀양을 갔다. 그러나 능력으로 세종의 총애를 입은 이천이었다. 결국 5개월 뒤인 세종 23년(1441)에 석방되어 집에서 편하게 쉴 수 있는 특전이 내려졌다. 일 년 뒤 이천은 산릉수

리도감 제조가 되어 건원릉 수리를 담당하였다. 건원릉은 조선왕조를 건국한 태조 이성계의 능이다.

1443년(세종 25) 중추원사가 되어 화포와 무기 등을 개량하였다. 1445년 세종이 지켜보는 가운데 한강에서 함포를 사격하는 수군훈련을 실행하였다. 1450년 정2품 벼슬인 판중추원사에 올라 세종으로부터 궤장을 하사받았다. 무신으로서 요직을 역임하면서 세종 대의 과학기술 발전에 큰 공을 세운 것에 대한 상이었다.

하지만 《조선왕조실록》은 이천을 뇌물과 관련해 세종의 질책을 받았고 부정이 많이 드러난 인물로 기록하고 있다. 뇌물 사건이 불거지자 외숙이었던 염흥방 사건이 다시 회자되기도 하였다. 청렴치 못하다는 구설에도 불구하고 74세에 모친상을 당했는데도 판중추원사에 등용되어 정사에 계속 참여했다.

12
조선 최고의 천문학자,
이순지와 김담

조선의 시간을 찾아라

──────── 업적으로 따지면 이순지(李純之, 1406~1465)와 김담(金淡,
1416~1464) 또한 이천과 장영실 못지않은 인물이다. 이
순지와 김담은 세종 대 한국의 천문학을 세계 수준으로 올려놓은
천문학자로 평가받고 있다. 천문기기 제작에서 이천과 장영실이 사
제지간 같은 사이라면, 이순지와 김담은 역법 연구에서 동료이자
후계자 같은 사이다.

이순지는 불과 20대 후반의 나이에 세종의 야심 찬 프로젝트인
천문역법 사업의 책임자로 발탁되었다. 중국과 아라비아 천문역법
을 소화하여 편찬한 《칠정산내외편》은 그의 대표적 업적이다. 이순
지의 공헌으로 15세기 조선은 우리 역사상 처음으로 관측과 계산을

통한 독자적인 역법을 가진 나라가 된 것이다.

이순지는 경기도 양성에서 태어났다. 부친은 태종과 세종 연간에 공조와 호조참의 등을 지낸 이맹상이다. 이순지는 1427년(세종 9)에 문과에 급제하여 서운관판사, 좌부승지 등을 거쳤고 문종 대에는 첨지중추원사, 호조참의 그리고 단종 대에는 예조참판, 호조참판을 지냈고 세조 대에는 한성부윤을 지냈다.

이순지는 장영실과 달리 양반 출신에 과거시험에도 급제한 문반 관료이다. 천문가도 아닌 문신 출신의 이순지가 어떻게 하여 불멸의 업적을 남기게 되었을까? 《세조실록》에 다음과 같은 기록이 전하고 있다.

> 이순지의 자는 성보이며 경기도 양성 사람이니, 처음에 동궁행수에 보직되었다가 정미년에 문과에 급제했다. 당시 세종은 역상이 정밀하지 못함을 염려하여 문신을 가려서 산법을 익히게 했는데, 이순지는 우리나라가 북극에 나온 땅이 38도 강이라고 하니 세종이 그의 말을 의심하였다. 마침내 중국에서 온 자가 역서(달력)를 바치고는 말하기를 "고려는 북극에 나온 땅이 38도 강입니다" 하므로 세종이 기뻐하시고 마침내명하여 이순지에게 천문기구를 교정하게 했다.
>
> ─《세조실록》 권 35(세조 12년 1465)

세종의 명으로 천문 분야 일을 맡게 된 이순지는 서울의 북극고도를 38도 남짓으로 계산했다. 세종은 그의 계산이 틀렸다고 생각했다. 이후 중국에서 온 천문학자의 말을 듣고 이순지의 계산이 맞다는 것을 확인하면서 이순지를 크게 신임하게 되었다. 북극고도란 오늘날로 치면 북위를 뜻한다. 현재의 서울은 38선 남쪽에 있다.

엄밀한 의미로 보면 이순지의 계산이 틀린 것처럼 보이지만 전통시대에는 도(度)의 뜻이 지금과는 약간 달랐다는 것을 이해하면 된다. 원의 둘레가 당시에는 지금처럼 360도가 아니라 365.25도였다. 그러니까 당시의 38도는 지금의 37도 40분과 들어맞는 값이다. 양반 신분으로 문과에 급제했던 이순지가 천문학에 얼마나 조예가 깊었는가를 알 수 있는 대목이다.

동시대 가장 앞선 천문 계산술,
《칠정산내외편》 편찬

———— 출범한 지 몇 십 년밖에 안 된 조선왕조로서는 유교 이념과 왕실의 권위를 확고히 하기 위해 천문역법의 정비가 절실했다. 삼국시대부터 우리나라는 중국의 역법을 빌려다가 쓰는 형편이었다. 고려 이후부터는 수도 개경을 기준으로 약간 수정해서 사용했다. 근본적으로 우리나라를 기준으로 한 천체운동 계산은 하지 못하고 있었다고 보면 된다. 세종은 조선에 맞는 역법을 만들어야 한다고 생각했다. 그 일을 맡은 인물이 바로 이순지였다.

세종의 천문 프로젝트가 성공한 것은 천문의기 제작을 총감독한 이천과 이론적 뒷받침으로 역법을 교정한 이순지, 천문의기를 제작하고 개발한 장영실이라는 걸출한 인물들이 뒷받침한 결과였다. 세종의 천문 프로젝트는 출범한 지 불과 7년 만에 종결되었으니 실로 놀라움을 감출 수가 없다.

세종 대에 제작된 천문의기는 비단 한 사람만의 작품이 아니었다. 《조선왕조실록》에 일일이 이름이 거명되지 않았을 뿐이다. 이순지가 모두 관여했다고 추정하는 것 또한 무리는 아니다.

이순지가 제일 먼저 착수한 일은 모든 천문의기의 기본 중의 기본이라 할 수 있는 혼천의였다. 이순지는 세종의 천문 사업이 끝나자 서운관원(천문대장)으로 근무했다. 이때 유명한 《칠정산내외편(七政算內外篇)》이라는 역법책을 편찬했다. 칠정산이란 '7개의 움직이는 별을 계산한다'라는 뜻으로 해와 달, 5행성(수성 금성 화성 목성 토성)의 위치를 계산하여 미리 예보하는 것을 말한다.

세종은 1431년 정흠지, 정초, 정인지 등에게 《칠정산내편》을 만들게 했다. 이순지와 김담에게는 《칠정산외편》을 편찬케 했다. 《칠정산내편》과 《칠정산외편》은 각각 1442년(세종 24)과 1444년에 편찬되었는데, 동시대에 세계에서 가장 앞선 천문 계산술로 평가된다. 원나라이후 명나라의 천문학은 오히려 쇠퇴의 길을 걷고 있었고 아랍 천문학은 더욱 퇴조의 기미를 보였기 때문이다.

《세종실록》은 《칠정산내외편》 편찬 배경에 대해 다음과 같이 설명하고 있다.

의상에 있어서는 이른바 대소 간의·일성정시의·혼의 및 혼상이요, 구루에 있어서는 이른바 천평일구·현주일구·정남일구·앙부일구·대소규표 및 흠경각루·보루각루와 행루들이다. 이 천문의기와 고금의 천문도를 지금까지 나온 각종 역법책을 연구하여 《칠정산내외편》을 편찬하였다.

《제가역상집》과 《천문류초》 편찬

————— 이순지는 세종의 과학 프로젝트를 성공적으로 끝낸 뒤, 천문대인 간의대에서 천문 연구를 계속하면서 《칠정산내외편》를 비롯하여 여러 권의 책을 정리했다. 대표적인 것이 《칠정산내외편》이지만, 이 외에도 《제가역상집(諸家曆象集)》, 《천문유초(天文類抄)》, 《교식추보법(交食推步法)》 등이 있다. 《제가역상집》 4권 3책은 1445년(세종 27) 그의 나이 40세에 완성되었다.

세종은 《칠정산내외편》이 편찬된 뒤에도 관련 기록이 부족하다고 느꼈다. 이순지에게 명을 내려 역사적으로 천문·역법·의상(천문기구)·구루(해시계와 물시계)에 관한 글을 정리하고 중요한 부분을 발췌하도록 하였는데 이것이 《제가역상집》이다. 이순지는 책을 펴내면서 "여러 전기(傳記)에 섞여 나온 것들을 찾아내어서, 중복된 것은 깎고 긴요한 것을 취하여 부문을 나누어 한데 모아서 한 질 되게 만들어서 열람하기에 편하게 하였으니, 진실로 이 책에 의하여 이치를 연구하여 보면 생각보다 얻음이 많을 것이다."라고 기록하였다.

이순지가 편찬한 《천문유초》는 별자리를 정리한 책이다. 이 책에는 동양의 기본 별자리인 28수에 대한 설명이 상세하게 나오고 은하수도 설명되어 있다. 이 외에도 하늘과 땅, 해와 달, 5행성, 상서로운 별, 별똥별, 요성, 혜성, 객성 등에 대한 설명도 곁들어 있다. 특이한 천문 현상에 대해서는 점성술적인 해석을 했고, 바람, 비, 눈, 이슬, 서리, 안개, 우박, 천둥, 번개 등 기상 현상 등도 상세하게 풀이되어 있다.

이순지는 1457년(세조 3)에 김석재와 함께 《교식추보법》2권 1책을 완성했다. 이 책은 세종 대에 정리되었던 일·월식 계산법을 알기 쉽게 편찬하라는 세조의 왕명을 받고 그 법칙을 외우기 쉽게 노랫말로 변환하여 사용법 등을 덧붙인 것이다. 시와 노래는 원래 세종이 만들었고, 이순지와 김석재는 가사와 시구에 포함된 뜻을 좀 더 자세하게 덧붙였다. 이 책은 뒤에 천문 분야 관리채용의 1차 시험인 음양과(陰陽科) 교재로 쓰일 만큼 널리 일반화되었다.

그 외에도 《대통력일통궤》,《태양통궤》,《태음통궤》등 명나라에서 전해진 대통력법통궤를 후배인 김담과 함께 교정했다. 흥미로운 것은 이순지가 국가 중요 행사를 위해 택일이나 길흉을 판별하는 방법을 모은 《선택요략》3권을 편집했다는 점이다. 상권에는 간지에 따른 길흉의 판별법을 적었고, 중권에서는 길흉을 관장하는 신장(神將)에 대해, 하권에서는 결혼, 학업, 출행(외출), 풍수, 장례 등 일상생활에서 살펴야 할 길흉일 판단법에 대해 다루었다.

세종, 이순지를 놓아주지 않다

──────── 조선시대 천문은 음양학·수학과 깊은 관련이 있었다. 천문관서인 서운관이나 관상감은 천문은 기본이고 음양학과 풍수도 다루는 곳이었다. 이순지는 천문뿐만 아니라 풍수지리 분야에서도 대가로 유명했다. 세종과 세조 때 왕실의 묏자리를 결정하는 데 핵심 역할을 했다. 세조는 음양과 지리 관련 일은 반드시 이순지와 논의하겠다고 말할 정도였다.

세종이 그를 얼마나 아꼈는지는 이순지가 모친상을 당했을 때를 보면 짐작할 수 있다. 이순지는 어머니가 돌아가시자 당시의 관습대로 삼년상을 치르느라 관직을 떠나 있었다. 유교적 관습으로 관료는 부모상을 당하면 대개 벼슬을 버리고 시묘살이라 하여 3년간 부모 묘 옆에 여막을 짓고 살았다. 이순지는 자신을 대신할 사람으로 승정원의 젊고 유능한 천문학자인 김담을 추천했다. 김담은 이순지보다 열 살 연하로 당시 나이가 스무 살 정도였다.

세종은 약관 스무 살의 김담에게 큰일을 맡길 수 없다고 생각했다. 결국 상중인 이순지를 정4품으로 승진시키면서 1년 만에 다시 불러들여 근무하게 했다. 부모에게 효를 다하던 시절에 삼년상을 치르지 않고 관직을 유지하는 것은 그 당시로서는 상상하기 힘든 일이었다.

조선시대 가장 위대한 천문학자였던 이순지는 1465년(세조 11)에 세상을 떠났다. 말년에 그의 딸인 과부 이씨가 여장 노비 사방지와의 추문에 휘말려 세상을 떠들썩하게 만들었지만, 그 외엔 비교적 행복한 삶을 산 학자였다. 그는 아들 6명을 두었다. 사후에 정평군(靖平君)이란 시호를 받았으며 묘소(경기도지방문화재 54호)는 경기도 남양주시 화도읍 차산리 아파트 단지 옆에 자리해 있다. 조선이 낳은 위대한 과학자의 묘소치고는 너무나 단출하여 안타까운 마음이 든다.

이순지의 후계자, 김담

─────── 15세기에 역법을 가진 민족은 세계에서 중국과 아라비아를 제외하고 조선뿐이었다. 당시 조선의 천문학 수준은 최첨단이었다. 그 중심에 이순지와 김담이 있었다.

1416년(태종 16)에 태어난 김담은 경북 영주(당시 영천) 출신으로 본관은 예안이고, 자는 거원(巨源), 호는 무송헌(撫松軒)이다. 조부 김로는 고려 때 좌우위보승랑장을 지냈고, 아버지는 영유현령을 지낸 김소량이다. 어머니는 평해 황씨이다.

어려서부터 총명했던 김담은 19살 때 문과 정시에 병과로 급제하여 형인 김증과 함께 집현전 학사로 선발되었다. 형제가 모두 집현전 학사로 임명된 경우는 김담·김증 형제가 유일하다. 1436년에 천문대 사업을 맡아 추진 중이던 이순지가 모친상을 당하자 책임자 일을 대신 맡게 되었다. 수학에 특출한 재능이 있었던 김담에게 세종은 천문을 비롯해 세법과 측량, 제방 축조 등 수학 지식이 필요한 분야라면 무엇이든지 믿고 맡겼다.

1437년에는 집현전저작랑, 1439년에 집현전박사가 되었고, 그해 이순지와 더불어 《칠정산외편》을 교정해서 올렸다. 현존하는 서울대학교 규장각본인 《칠정산외편》과 《태양통궤》, 《태음통궤》 등이 모두 이순지와 김담이 편찬한 것으로 되어 있다. 따라서 이 두 사람이 《칠정산내편》의 교정·편찬에도 참여하였음을 알 수 있다.

"역법에 정통한 김담의 뒤를 이을 자가 없습니다"

─────── 과학을 중시하던 세종 시대가 막을 내리자 김담은 노모를 모신다는 이유를 들어 지방관을 자청했다. 이후 충주목사를 비롯하여 안동과 경주에서 지방관을 지냈고 훗날 이조판서, 중추원사의 자리에까지 올랐다. 이 시기 강직했던 목민관으로서의 행적이 《세조실록》 졸기에 잘 나와 있다. 실록에 의하면 그는 도적들에게 유독 엄격했다고 한다.

충주는 산악 지대로 도둑 출몰이 잦았다. 충주목사로 재직할 때 관내에 도적이 많아 고을 백성들이 몹시 두려워하였다. 그는 도적을 잘 다스렸으며, 장물의 증거를 발견하면 비록 그 양이 적더라도 결코 용서하지 않았다. 가혹할 정도로 강력하게 응징하자 그 지역에는 도적이 얼씬도 하지 못했다고 한다.

1464년 김담이 세상을 떠난 뒤로 천문과 역산에 문제가 생길 때마다 임금을 비롯한 여러 학자들이 그를 아쉬워했다고 한다. 성종대에 윤필상이 임금에게 아뢰기를 "조종조에는 김담이 역법에 정통하였는데 그 뒤에는 그를 이을 만한 자가 없습니다. 청컨대 문신들 중에서 적임자를 골라서 이를 익히도록 하소서"라고 청했다고 한다.

김담이 당대에 뛰어난 학자였음은 조선시대 최고의 산수화라 일컬어지는 안견의 〈몽유도원도〉를 봐도 알 수 있다. 〈몽유도원도〉 뒤에 안평대군의 발문과 함께 세종조의 대표적 인물 21명의 찬시가 실려 있다. 신숙주, 이개, 박연, 김종서, 박팽년, 성삼문 등 기라성 같은 인물들과 함께 김담의 찬시도 실려 있다.

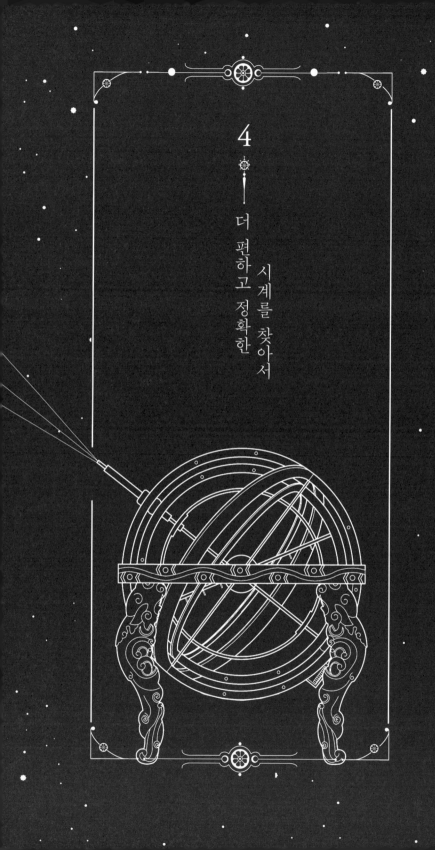

4

더 편하고 정확한 시계를 찾아서

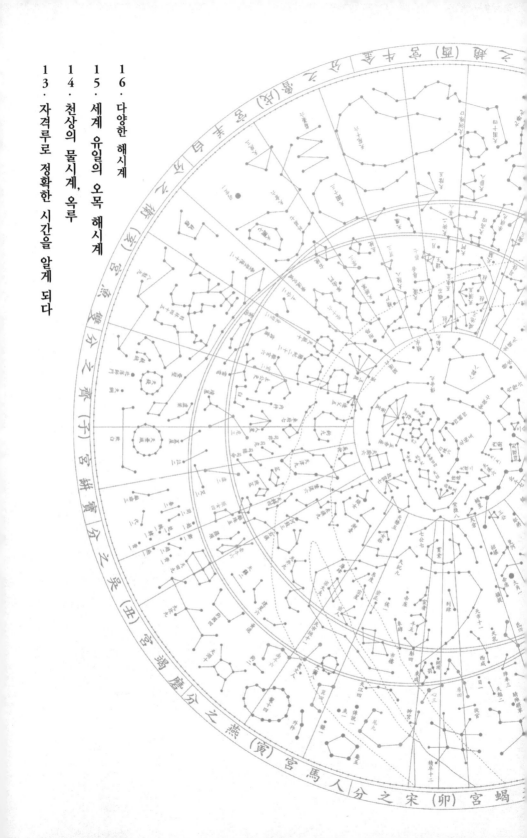

13

자격루로 정확한 시간을 알게 되다

자동으로 시간을 알려주는 자격루

─────── 기계시계가 없었던 옛날에는 어떻게 시간을 알았을까?

가장 간단한 방법이 해그림자를 이용하는 것이다. 인류
는 오래전부터 해그림자를 통해 하루의 시간을 알았다. 밤에는 하
늘에 반짝이는 별자리의 움직임을 통해 시간을 알 수 있었다. 그러
나 날씨가 흐리거나 비가 오는 날에는 시간을 알 수 있는 방법이 없
었다. 그래서 만들어낸 것이 물시계이다.

물시계의 원리는 이렇다. 물을 넣은 항아리 한 귀에 작은 구멍을
뚫어 떨어지는 물방울을 다른 항아리에 받아서 하루 동안에 흘러
들어간 물의 깊이를 12등분하여 잰다. 그러면 한 시간의 길이가 나

오게 된다.

물이 떨어지거나 흐르는 원리를 이용해서인지 전통시대에는 물시계를 '루(漏)'라고 했다. 형태나 의미에 따라 누각(漏刻)·누호(漏壺)·각루(刻漏)·경루(更漏) 등 다양한 이름으로 불리었다.

물시계는 중국에서 기원전 7세기에 발명되었다고 전한다. 해시계와 달리 물시계는 아주 불편한 시계였다. 날마다 항아리의 물을 갈아주어야 했고 항상 사람이 지키고 앉아 시간을 재어야 했다. 한밤중에 잠시라도 졸거나 급한 볼일이라도 생기게 되면 정확하게 시간을 측정할 수 없었다. 여간 불편한 것이 아니었다. 그에 대한 후유증은 컸다. 예나 지금이나 시간이 안 맞으면 큰 소동이 일어나기 마련이다.

이러한 불편함을 해결하기 위해 자동 물시계를 발명했다. 자동 물시계는 사람이 일일이 쳐다보면서 측정하지 않아도 자동으로 움직이고 시보를 알려주었다. 그 쾌거는 중국 북송 때 소송(蘇頌, 1020~1101)이라는 과학자가 일궈냈다. 1091년 무렵 소송은 물레바퀴로 돌아가는 거대한 자동 물시계를 발명했다. 그러나 장치가 너무나 복잡하여 소송이 죽은 뒤에는 아무도 만들지 못해서 사라졌다. 자동 물시계의 발명은 중국에 이어 이슬람으로 넘어갔다. 12~13세기 이슬람 사람들은 쇠로 만든 공이 굴러떨어지면서 종과 북을 쳐서 자동으로 시간을 알리는 자동 물시계를 만들었다.

우리나라 물시계의 역사

─────── 대부분의 물시계는 백성들에게 시간을 알려주기 위해 국가에서 제작했다. 물시계는 제작하는 데 비용이 많이 들고 만들기도 어려워서 개인이 물시계를 제작했다는 기록은 없다. 우리 선조들이 언제부터 물시계를 사용했는지 정확히 알려진 바는 없다. 다만, 우리나라 역사서에서는 《삼국사기》에 718년 신라 성덕왕 17년 6월에 '누각(漏刻)'이라는 이름의 물시계를 만들었다는 기록이 전한다.

아쉽게도 누각이라는 이름의 신라시대 물시계가 어떤 모양인지 기록이 없어 알 수가 없다. 중국 당나라의 물시계를 본떴을 것으로 짐작할 뿐이다. 경주 첨성대를 통해서 알 수 있듯이 삼국통일 이후 신라는 당과 국제 교류가 활발해짐에 따라 정확한 시간이 필요했다. 첨성대나 물시계의 존재는 낮시간뿐만 아니라 밤시간 측정에도 힘썼음을 말해 준다.

통일신라 때인 경덕왕 8년(749)에 천문박사 외에 누각박사 6명을 뽑아 누각에 근무하게 했다는 기록이 있는 것을 보면, 이미 8세기 중반부터 물시계의 중요성이 컸음을 알 수 있다. 6명이 많은 수는 아니다. 해시계와 달리 물시계는 많은 양의 물을 제때 갈아주어야 하고 밤에 숙직 근무를 서야 했기 때문에 많은 인원이 필요했다.

신라에 이어 고려시대에도 시계의 중요성은 컸다. 신라시대 누각박사와 같이 물시계를 담당하는 관원이 있었다. 《고려사》 백관지에 따르면, 고려시대 물시계를 담당하는 관직명을 설호정(挈壺正)이라 했다. 설호정은 시간을 관장하는 고려시대 관청인 태사국(太史局) 소속이었다. 설호정은 중국 주나라 때 시간을 관장하는 관원 이름에서 유래했다. 그런 이유 때문인지 충선왕 대에 천문관서가 통합되면서 설호정은 장루(掌漏)로 이름이 바뀌었다.

고려시대에 물시계로 낮과 밤의 길이를 측정했다는 기록이 《고려사》에 전한다. 그러나 현재 남아 있는 유물이 없어 고려시대에 어떤 물시계를 사용했는지 알 수가 없다. 다만, 한밤중이라 해도 시간 측정을 게을리하면 담당 관원이 크게 벌을 받았다는 기록이 남아 있다.

장영실, 새로운 물시계를 고안하다

───── 해시계는 구름이 없는 맑은 날에만 사용할 수 있다. 이러한 해시계의 결점을 보완한 물시계는 삼국시대 이후 국가의 공식 시계로 이용되었다. 조선 건국 직후인 1398년에 태조는 종루 근처에 금루방이라는 관청을 설치했다. 금루방에는 물시계인 경루가 설치되어 있었다. 그러나 경루는 정확한 시간을 알려주지 못했다. 정확성이 떨어졌기 때문이다. 물시계를 담당하는 관리들은 정확하지 못한 경루 때문에 자주 애를 먹었다. 시각을 잘못 알리면 담당 관리는 중벌을 면치 못했다. 태조에 이어 태종 또한 정확한 물시계를 만들고자 하는 바람이 있었으나 실현하지는 못했다.

물시계는 밤낮없이 시간을 측정할 수 있다는 장점이 있었지만, 항상 사람이 지키고 봐야 했기 때문에 불편함을 개선하는 것이 관건이었다. 게다가 기존의 경루는 시간도 잘 맞지 않았다. 세종은 자동 물시계를 반드시 만들어 궁궐에 설치하려 했으나, 자신의 구상을 실현해줄 사람을 만나지 못하고 있었다.

1424년(세종 6) 세종은 장영실에게 정확성이 떨어지는 경루를 개량하라고 지시했다. 세종의 명을 받은 장영실은 경루를 '경점지기(更點之器)'라는 물시계로 개량하였다. 청동으로 만들어진 경점지기는 종루가 아닌 경복궁에 설치되었고, 세종은 장영실에게 관리를 맡겼다.

경점지기는 맨 위의 물 항아리에 물을 채우고 그 물을 아래의 통으로 차례로 흐르게 하여 맨 밑의 물 받는 항아리에 일정하게 흘려 넣어 그 안에 띄운 잣대가 떠오르면 잣대에 새긴 눈금을 읽어 시각을 알아내는 방식이었다. 이러한 물시계를 유입식 물시계라 한다. 주로 중국을 비롯한 동아시아 지역에서 만들었다.

장영실의 경점지기는 이전의 경루보다 훨씬 개량되었으나, 자동 물시계는 아니었다. 밤낮으로 사람이 지키고 있다가 잣대의 눈금을 읽어 종 치는 사람에게 알려야 했으므로 불편하기는 마찬가지였다. 밤새도록 물시계를 지키다가 깜빡 잠이 들어 시간을 놓치기라도 하면, 곤장을 맞는 일이 다반사였다.

세종은 장영실에게 사람이 물시계 잣대의 눈금을 일일이 읽지 않고도 '때가 되면 저절로 시각을 알려 주는 자동시보장치가 달린 물시계'를 만들어 보라고 했다. 장영실은 노비 신분에서 벗어나게 해주고 상의원별좌라는 관직까지 내려준 국왕 세종을 위해 새로운 물시계 제작에 혼신의 힘을 다했다.

옛 문헌에 실려 있는 각종 물시계와 관련한 자료는 세종의 진두지휘 아래 정인지, 정초 등이 조사하고 수집하였다. 장영실은 자료를 토대로 중국 송나라 때 소송이 만들었다는 물시계와 이슬람 물시계의 원리를 비교하여 새로운 물시계를 설계했다. 드디어 장영실은 물의 부력과 낙하하는 공의 에너지를 이용하여 저절로 소리를 내게 하여 시간을 알리는 '자격루(自擊漏)'를 만드는 데 성공했다. 1434년(세종 16)의 일이다.

중국 기술보다 앞선 자격루

────── 중국에는 자동기계 및 물시계에 대한 다양한 연구와 발명이 있어 왔다. 그 대표적인 것이 11세기 북송시대 천문학자 소송에 의해 만들어진 자동 물시계인 '수운의상대(水運儀象臺)'이다. 수운의상대는 높이가 약 12미터에 달하는 대규모 시계탑으로 내부의 기계장치와 연결된 인형들이 북과 종을 쳐서 시간을 알리는 자동 물시계였다. 하지만 15세기에 와서 자동 물시계는 문헌에만 존재하고 있는 터였다. 세종과 장영실은 열악한 상황에서 문헌을 검토하며 수운의상대보다 훨씬 발전된 새롭고 놀라운 자동 물시계를 만들

어냈다. 스스로 타격하는 물시계라 하여 이름을 '자격루'라고 지었다.

자격루는 세종의 바람대로 시각을 맡은 나무 인형이 관원 대신 시간을 알려주는 물시계였다. 자격루는 세종의 '인도주의적' 정치 요체가 들어 있는 물시계다. 자격루가 물시계를 지키는 하급 관원들의 노고를 덜어 주었기 때문이다.

자격루는 경회루 남쪽에 세운 보루각이라는 전각에 설치하여 운영했기 때문에 '보루각루(報漏閣漏)'라고 불렸다. 또 임금이 거처하는 대궐에 있어서 '금루(禁漏)'라고도 불렸다. 자격루는 나무로 만든 인형이 종과 북, 징을 쳐서 밤시간을 알리고 시간을 알리는 팻말을 보여주어 시간의 경과를 자동으로 알려주는 물시계이다.

자격루가 완성된 이후 세종은 자격루가 원나라 순제가 만든 물시계보다 훨씬 정교하다고 평가하고 장영실을 정5품 행사직에서 정4품인 호군으로 승진시켰다. 호군은 정4품 무관으로 장군 격에 해당되는 높은 지위이다.

자격루의 놀라운 원리

──────── 일반적으로 물시계는 한 물통에서 다른 물통으로 흐르는 물의 양이 시간의 흐름과 정비례하게 만들어졌다. 물이 고이는 데 따라 시간 잣대가 떠오르면서 시간 눈금을 가리키는 원리다. 자격루는 수동식 물시계 원리에서 한 걸음 더 나아가 시

보루각 자격루

▲ 보루각 자격루. 국보 제229호.
장영실의 자격루는 경복궁 경회루 남쪽에
보루각을 지어 보관하였는데, 지금은 전하지 않는다.
이를 본떠 만든 것으로 보이는 중종 대 자격루가
창경궁에 세운 보루각에 보관되었다가
일제강점기에 덕수궁으로 이전되었다.

수수호

소파수호

대파수호

자격루의 작동 원리

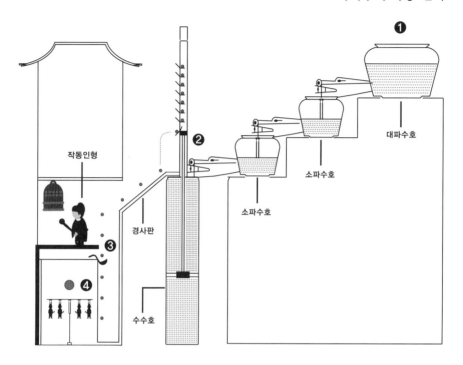

작동인형

대파수호

소파수호

소파수호

경사판

수수호

❶
대파수호에 있는 물을 배수관과
소파수호의 항아리를 거쳐 일정 속도로
수수호 안으로 흘려 보낸다.

❷
수수호에 차오르는 물이 잣대를 움직여 떠오르게 해
수수호 벽에 놓인 작은 구슬을 건드리면
오른쪽 시보장치가 상자로 굴러가
큰 구슬을 건드린다.

❸
물시계에서 떨어진 구슬이
작은 시보장치를 건드려 큰 구슬이
떨어지게 된다.

❹
큰 구슬이 상자 내부에서 움직이며 상자 위쪽의
인형이 종, 북, 징을 울린다. 2시간마다 울리는 종소리는
자시, 축시, 인시 등 12지시를 알려주고
북소리는 밤 시간인 1경, 2경 등
5경을 알려준다.

간 잣대가 올라가는 힘으로 구리구슬을 굴러떨어지게 하여 지렛대 장치로 로봇 인형이 북과 징을 치고 시간을 알리게 하였다. 운동에너지를 사용한 것이다.

보루각 안에 설치되었던 자격루는 높은 곳에서 물을 공급하는 물통(파수호) 4개를 놓고 그 밑에 물 받는 물통(수수호) 2개를 놓았다. 종래 중국의 물시계는 수수호가 한 개였으나 자격루는 수수호가 두 개인 것이 특징이다. 파수호에서 흘러나오는 물이 수수호로 주입되는데 그 물이 점점 수위가 높아지면 그 안에 있던 시간 잣대가 위로 떠오르게 되고 그것이 쇳덩어리를 받쳐 들고 있는 받침판을 떠밀어 주므로 그 힘으로 작은 구리구슬 하나가 굴러떨어진다.

떨어진 구슬이 다시 숟가락 모양의 기구를 젖히면 반대쪽에 있는 큰 쇠구슬이 떨어지게 된다. 이 쇠구슬이 움직여 종치기 인형의 팔뚝을 건드리면 "땡땡땡" 시보 종이 울리게 된다. 다시 쇠구슬이 통로를 통해 흘러 내려와 시보를 알려주는 12명 인형 중 해당 시보 인형의 발판을 살짝 들어 올리게 되는데, 이 시보 인형이 위로 올려지면 문이 열리며 울린 종소리에 해당하는 시패를 보여준다. 이와 같은 동작이 하루 12회 반복된다.

인형이 시보를 알려주는 시스템은 오늘날 '뻐꾸기시계'와 비슷한데, 뻐꾸기가 한 마리라면 자격루의 인형은 12명이다. 12명이 돌아가면서 하루에 한 번 문 앞으로 나오는 것이다. 조선 후기 서양의 자명종이 들어오기 전까지 자격루는 물의 에너지를 사용한 첨단 시계 장치였다고 할 수 있다.

186

자격루는 국가 통치의 기반

────── 국가 통치에서 밤시간의 통제는 중요한 것이었다. 국가
는 안정적인 통치를 위해 백성들에게 정확한 시간을
알려주어야 했다. 자동 물시계인 자격루의 발명으로 조선은 캄캄한
밤에도 백성들에게 정확한 시간을 알려줄 수 있었다. 이전보다 궁
성문과 도성문을 정확한 시간에 여닫게 되었으며, 일하는 사람들도
인정과 파루 시각에 맞춰 일정한 시간에 작업을 시작하고 마칠 수
있게 되었다. 또한 낮과 밤의 길이가 달라지는 절기에 따라 통금시
간도 조절할 수 있었다.

자격루가 알려주는 시간에 맞춰 생활하니 여러모로 살기가 편리
해지고 정확한 통금시간을 알려주니 치안이 안정되었다. 군사 훈련
도 시간에 맞춰 이뤄졌다. 태어나는 날의 생시도 제대로 알 수 있었
다. 자격루의 혜택이 이만저만이 아니었다. 물시계를 돌보는 관리
들은 일일이 잣대를 들여다보지 않아도 나무로 만든 인형이 저절로
종을 치고 북을 울리며 징을 두드려 시각을 알려주니 근무 태만으
로 처벌받을 걱정이 없어졌다.

자격루가 표준시계로 쓰이게 되면서 인정과 파루의 시보는 자격
루가 알려 주는 시보에 따르게 되었다. 광화문에 큰 종과 북을 세우
고 자격루의 시보 인형이 치는 종과 북소리를 듣고 북 치는 사람이
큰 북을 울리면 종루의 종지기들이 여기에 맞추어 인정과 파루 종
을 쳤다. 인정과 파루 제도가 자격루 제작으로 확립된 셈이다.

자격루는 수시력이라는 최신 역법에 맞추어 제작되었으므로 종래 고려시대부터 사용되어 오던 선명력과는 시각이 달랐다. 따라서 물시계로 측정되던 인정과 파루 시각도 더 정확해졌다.

자격루의 변천

────── 세종 대 장영실이 만든 자격루는 한동안 조선의 표준시계로 사용되었다. 경복궁에 보루각이란 누각을 짓고 그 안에 자격루를 설치했다. '보루각루'라는 것은 이를 두고 이른 말이다. 자격루에는 지렛대 장치가 무려 150~200개나 되고 청동 구슬도 70여 개나 사용되었다. 자격루는 그 많은 부품을 움직여서 정확한 시간을 측정했다. 세계적으로도 유례가 없는 독창적인 발명품이었다.

자격루의 시보장치는 너무나 정밀하고 복잡해서 운영이 쉽지는 않았다. 고장도 잦았고, 고장이 나면 고치기도 쉽지 않았다. 자격루를 발명한 장영실이 궁궐에서 쫓겨난 뒤에는 고장이 나도 고칠 사람이 없었다. 때문에 만들어진 지 21년 만에 사용이 중지되었다. 그 뒤 1487년 2월에 성종이 "보루각이 시간을 정확히 알려주는데 이런 귀중한 것이 재변에 불타버리면 그 구조를 찾아볼 길이 없게 되므로 경복궁 안에만 둘 것이 아니라 창덕궁에도 하나 더 설치하는 것이 좋겠다"라고 의견을 내면서 자격루가 만들어진 지 꼭 102년 만인 1536년(중종 31)에 또 하나의 자격루가 만들어졌다.

　새 자격루가 완성되자 장영실이 만든 옛날 자격루는 경복궁의 보루각으로 옮겨지고 창경궁에는 새 자격루가 설치되었다. 이후 장영실의 자격루는 임진왜란 때 불타 없어지고 중종 때 만든 새 자격루만이 창경궁 보루각에 남아 있다가 고종 32년(1895)에 파루 제도가 폐지되면서 유명무실해졌다. 중종의 자격루는 일제강점기에 덕수궁 경내로 옮겨지면서 야외 전시물로 전락했다. 현재는 보존 처리가 되어 문화재청 국립고궁박물관에 보관되어 있다. 현재 만 원짜리 지폐에 그려진 자격루는 세종 대에 만든 장영실의 자격루가 아니라 중종 대에 다시 만든 자격루이다.

천상의 물시계, 옥루

세종이 꿈꾼 나라

——— 자격루 제작이 성공적으로 끝나자 장영실은 또 하나의 특별한 자동 물시계 제작에 착수했다. 시간을 알려주는 자격루와 천체의 운행을 관측하는 혼천의를 결합한 혁신적인 천문 기구를 만들고자 한 것이다. 자격루와 혼천의, 이 두 가지를 결합하면 24절기와 계절에 따른 태양의 위치를 정확히 알 수 있었다. 이를 통해 국가는 백성들에게 계절에 맞춰 씨를 뿌리고 수확하는 시기를 알려 줄 수 있었다.

지금도 정부가 해야 할 제일 중요한 일은 모든 국민의 안정된 삶을 보장하는 것이다. 전통시대에도 먹고사는 문제를 해결해 주는 임금이 최고의 임금이었다. 하늘과 땅, 인간이 하나로 연결되는 나라, 그래서 백성들이 잘 먹고 잘사는 나라. 이 목표를 이루게 해 주는 기초가 천문이었다. 농경사회에서 천문은 곧 경제였기에 더할 나위 없이 중요했다. 천문은 세종이 꿈꾸는 왕도 정치가 이뤄지는 기반이었다.

자격루가 완성된 지 만 4년 후인 1438년(세종 20)에 장영실은 또 하나의 물시계인 옥루(玉漏)를 완성하였다. 옥루가 완성되자 세종은 경복궁 천추전 서쪽 편에 흠경각을 지어 그 안에 설치하도록 했다.

옥루의 정식 명칭은 흠경각루이다. 흠경각루라는 이름보다 옥루라는 이름으로 더 많이 불리는 이유는 김돈의 〈흠경각기〉에 나오는 '옥루기륜'이라는 표현 때문이다. 옥루기륜의 말뜻은 옥루로 기륜을 회전한다는 의미이다. 옥루는 단지 물시계만을 지칭한다. 따라서 옥루는 흠경각루의 별칭 정도로 보는 것이 옳을 것이다. 이는 자격루의 공식 명칭인 '보루각루'가 있음에도 별칭을 사용하는 것과 맥을 같이 한다.

전통사회에서 물시계의 유수관을 사용할 때 일부분을 옥(玉)으로 마감하여 내구성을 높여 사용한 기록들이 있다. 따라서 옥루는 임금을 상징하는 의미도 있겠지만, 재질의 특성이 반영된 명칭일 수 있다. 또한 흠경각이라는 다소 어려운 표현보다 옥루가 발음하기 편리한 면도 있다.

옥루는 3단의 대·중·소 파수호로 구성되었다. 파수호는 물을 공급해준다는 의미를 갖고 있다. 파수호로부터 물을 공급받는 항아리를 수수호라고 부른다. 자격루는 부전을 갖춘 2개의 수수호가 있지만, 옥루는 수수호를 갖추고 있지 않다. 물시계보다는 천문시계라는 성격이 강했기 때문일 것이다.

옥루는 어떻게 움직였을까

옥루는 자격루와 같은 물시계 장치뿐만 아니라 태양의 운행 등 천체의 변화를 보여주는 장치까지 있는 천문시계이다. 동지, 춘분, 하지, 추분까지 알려 주는 자동 종합 물시계라고 할 수 있다. 옥루는 지금 남아 있지 않아 그 형태를 완벽히 알 수는 없다. 전해지는 기록으로 추측해 볼 뿐이다. 다행히 문헌에 남아 있는 기록에 근거하여 2019년에 국립중앙과학관에서 복원해 전시하고 있다.

옥루는 어떻게 움직였을까. 자동장치가 있었다. 이 장치는 자격루와 같이 물의 부력을 이용하였다. 기계장치의 핵심은 '옥류기륜'이다. 이를 고안한 사람은 장영실과 이천이다. 옥류기륜은 속에 들어가 있어 눈에 보이지 않는 장치였다. 겉으로만 보면 옥루는 땅을 중심으로 움직이는 태양과, 그에 따라 시간을 알려주는 각종 인형이 파노라마처럼 움직이는 천상의 공간이었다.

옥루는 세종을 위해 장영실이 만든 천상의 세상이었다. 그곳은 신선들이 노니는 세계였다. 세종 대 천문학자 김돈(1385~1440)은 〈흠경

▲ 문헌 기록을 바탕으로 복원된 옥루의 모습
(국립중앙과학관 제공)

각기〉라는 글을 쓰면서 옥루를 다음과 같이 묘사했다.

풀 먹인 종이로 일곱 자 높이의 산을 만들어 한복판에 설치하고, 그 산
안에다 옥루기(玉漏機)의 바퀴를 설치하여 물로써 운행하도록 하였다.
금으로 해를 만들었는데 그 크기는 탄환만 하고, 오색구름이 둘러서 산
허리 위를 지나도록 되어 있다. 해가 하루에 한 번씩 돌아서 낮에는 산
밖에 나타나고 밤에는 산속에 들어간다. 비스듬한 형세가 천행에 준하
였고, 멀고 가까운 거리와 돋고 지는 것이 각각 절기를 따라서 하늘의
해와 더불어 합치하도록 되어 있다.

옥루에는 높이 7자 정도 되는 종이로 만든 산이 있었다. 7자는 약 2미터 12센티미터쯤 된다. 이 산은 인간이 사는 지구를 포함한 우주를 표현한 것이다. 산에는 나무와 풀이 심어져 있고, 짐승과 새들이 노닐고 있다. 계곡 사이로 폭포가 흐르고 산 동서남북으로 봄·여름·가을·겨울 사계절의 경치가 펼쳐져 있다. 산을 중심으로 탄환만 한 크기의 '태양'이 매일 이 산을 한 바퀴씩 돌게 되어 있다. 뿐만 아니라 동지와 하지 등 계절마다 태양의 높이가 달라지듯이 실제에 맞춰 높이도 달라지게 운행했다고 한다.

금으로 만든 태양이 계절에 따라 높이가 변한다는 것은 실제 하늘에서 벌어지는 태양의 운행을 말한 것이다. 혼천의는 하늘의 운행이 잘 반영된 천문의기이다. 옥루의 산 위에는 적도환과 황도환이 구동하며, 황도환에 태양을 장치하여 운행시킨 것으로 보인다. 옥루에 대한 김돈의 설명은 계속된다.

해 밑에는 옥녀 넷이 손에 금방울을 잡고 구름을 타고, 동·서·남·북 사방에 각각 서 있다. 인·묘·진시 초정(初正)에는 동쪽에 서 있는 옥녀가 매 시간마다 방울을 흔들고, 사·오·미시 초정에는 남쪽에 서 있는 옥녀가 방울을 흔든다. 서쪽과 북쪽에서도 이렇게 한다.

밑에는 네 가지 귀형(鬼形)을 만들어서 각각 옥녀 옆에 세웠는데 모두 산으로 향하여 섰다. 인시가 되면 청룡신(靑龍神)이 북쪽으로 향하고, 묘시에는 동쪽으로 향하며, 진시에는 남쪽으로 향하고, 사시에는 돌아서 다시 서쪽

194

으로 향하는 동시에 주작신(朱雀神)이 다시 동쪽으로 향한다. 차례로 방위를 향하는 것은 청룡이 하는 것과 같으며, 다른 것도 모두 이와 같다.

태양이 운행하는 바로 아래에는 네 개의 귀형(鬼形), 즉 청룡(동)·백호(서)·주작(남)·현무(북) 사신(四神)과 함께 옥녀가 배치되어 있다. 산 아래로 내려오면 평지 주변으로 옥녀와 12신이 배치되어 있다. 오시 초각이 되면 오시 옥녀가 평지의 뚜껑을 열고 오시의 시패를 들고 나오며, 이때 엎드려 있던 오신(午神)이 일어난다. 시간이 흘러 미시 초각이 되면 오시 옥녀와 오신은 원래의 모습으로 되돌아가고 미시 옥녀가 미시의 시패를 들고 나오고 미신이 일어서게 된다.

산 남쪽 기슭에는 높은 축대가 있어, 시간을 알려주는 인형 하나가 붉은 비단옷 차림으로 산을 등지고 서 있다. 무사 모양을 한 세 인형 모두 갑옷 차림인데, 하나는 종과 방망이를 잡고서 동쪽에서 서쪽을 향해 서 있고, 하나는 북과 북채를 잡고 동쪽을 향해 서쪽에서 약간 북쪽 가까운 곳에 서 있다. 다른 하나는 징과 채쭉을 잡고 동쪽을 향해서 서쪽에서 약간 남쪽으로 가까운 곳에 서 있다. 매 시간이 되면 시간을 알려주는 인형이 종 치는 인형을 돌아보고, 종 치는 인형도 시간을 맡은 인형을 돌아보면서 종을 친다. 매 경(更)마다 북과 북채를 잡은 인형이 북을 치고, 매 점(點)마다 징과 채를 잡은 인형이 징을 친다.

산 남쪽 기슭에 있는 높은 축대는 시간을 알려주는 시보대이다.

이곳에는 시간을 관장하는 사신과 무사들이 있다. 사신은 붉은색 관복을 입고 있고, 무사는 모두 세 명으로 갑옷을 입고 있다. 세 명의 무사 인형은 각각 타격할 수 있는 망치, 북채, 징채를 들고 종, 북, 징을 타격한다. 시간을 알려줄 때가 되면 사신을 바라보고 있던 무사 인형들이 마치 살아있는 사람처럼 종과 북, 징을 친다. 종을 치는 종인무사는 12시진 시각을 알려주고, 북을 치는 고인무사는 경점시간에서 몇 경인지를 알려준다. 징을 치는 정인무사는 몇 점인가를 알려 주는 역할을 한다.

옥루에서 방위를 나타내는 사신(四神)인 청룡, 주작, 백호, 현무는 각각 12시진 중 3시진(1시진은 2시간에 해당)을 담당하여 순차적으로 운행한다. 예를 들어 주작신은 1시진이 지나면 시계 방향으로 90도를 회전한다. 2시진이 지나면 180도를 움직인다. 이렇게 3시진이 지나고 이후 4시진이 되면 원래의 위치로 되돌아온다. 이때 옥녀는 매 시간마다 요령을 흔들어 시간을 알려준다.

산 밑 평지에는 열두 방위를 맡은 십이지신이 제자리에 엎드려 있다. 십이지신 뒤에는 각각 구멍이 있는데 평소에는 닫혀 있다가 자시(子時)가 되면 쥐 모양의 신 뒤에 있는 구멍이 저절로 열리면서 옥녀 인형이 자시패를 가지고 나오며, 엎드려 있던 쥐 모양의 신이 그 앞에 일어선다. 옥녀 인형이 자시를 가리키고 나면 다시 구멍으로 들어가고 구멍은 저절로 닫힌다. 이와 동시에 쥐 모양의 신도 제 위치에서 도로 엎드린다. 축시가 되면 소 모양으로 만든 신 뒤의 구멍이 저절로 열리면서 옥녀가 나오고, 소

모양의 신도 일어나게 되는데, 열두 시간이 모두 이렇게 반복된다.

사신(四神)·십이신(十二神)·고인(鼓人)·종인(鍾人)·사신(司辰)·옥녀(玉女) 등 옥루에는 많은 인형이 있었다. 이들 인형과 각종 장치가 사람의 힘을 빌리지 않고도 저절로 움직이는 모습을 보고 세종은 마치 귀신이 시키는 듯하다며 감탄했다. 옥루를 보는 사람마다 도무지 어떻게 작동하는지 알 수가 없다며 놀라고 신기하게 여겼다. 세종은 위로는 하늘 도수와 부합하여 털끝만큼도 어긋남이 없으니 이를 만든 계교가 참으로 기묘하다고 감탄했다.

'기울어진 그릇'에 담긴 의미

─────── 옥루에는 기계장치와 별도로 군왕이 나라를 어떤 마음으로 다스려야 하는지를 알려주는 기기도 있었다. 이른바 '기울어진 그릇'이다.

오방위(午方位) 앞에는 또 축대가 있고 축대 위에는 기울어진 그릇을 놓았다. 그릇 북쪽에는 관원 모습을 한 인형이 금병(金瓶)을 가지고 물을 따르고 있는데, 누수(漏水)한 물을 이용하여 끊임없이 흐르게 하였다. 그릇이 비면 기울고 반쯤 차면 도로 반듯해지며, 가득 차면 엎어져서 모두 옛말과 같이 되어 있다.

옥루의 종이산 남쪽 평지에는 기울어진 그릇이 있다. 기울어진 그릇이라 하여 '기기(欹器)'라 부른다. 이 그릇 옆에는 관원 모습을 한 인형이 있어 금으로 만든 물병을 가지고 물을 따른다. 흘러내리는 물을 이용하여 약수터 물처럼 끊임없이 흐르는데 그릇이 비어 있으면 한쪽으로 기울고, 물이 적당히 차면 그릇이 반듯하게 세워지고 가득 차면 엎어진다.

기기에 대한 역사적 기록은 《순자》라는 책에 최초로 등장한다. 공자가 노나라 환공의 사당을 방문했을 때의 일이다. 공자는 신기하게 움직이는 이 그릇을 보고 사당지기에게 무슨 그릇이냐고 물었다. 사당지기는 환공이 자리 오른편에 두던 그릇이라고 대답했다. 공자는 "이 그릇은 비어 있으면 기울고 절반쯤 차면 바르게 놓이며, 가득 차면 엎어진다"라고 들었다면서 제자인 자로를 시켜 물을 떠오게 하였다. 이윽고 그릇에 물을 담아 실험해보니 실제로 잘 작동되는 것을 확인했다. 이 기기를 통해 임금은 권력이 넘치지도 모자라지도 않게 처신하도록 경계하고자 한 것이다.

공자는 기기를 항상 자신의 오른편에 두고 판단의 기준으로 삼았다고 한다. 오늘날 흔히 쓰는 '좌우명'이라는 말은 바로 이 일화에서 유래했다.

농사짓는 백성의 수고로움을 살필 수 있게 하라

─────── 옥루에는《시경》〈빈풍도(豳風圖)〉에 등장하는 농경을 하는 인간과 1년 사계절의 자연이 묘사되어 있었다.

산 동쪽에는 3개월간의 봄 경치를 만들었고, 남쪽에는 여름 경치를 꾸몄으며, 가을과 겨울 경치도 또한 만들어져 있다.《시경》빈풍도에 의거하여 사람, 새와 짐승, 풀과 나무 등 자연의 모습을 나무로 깎아 만들고, 계절에 맞추어 배치해 놓았는데 칠월(七月) 한 편의 일이 갖추어지지 않은 것이 없다.

옥루의 종이산과 평지는 당시의 대표적인 농경도라 할 수 있는 빈풍(豳風)의 사계절을 담고 있다. 동쪽에는 봄의 경치를 나타내고 남쪽에는 여름, 서쪽에는 가을, 북쪽에는 겨울의 경치를 배치했다. 빈풍도는《시경》의 〈빈풍칠월편〉 내용을 묘사한 그림이다. 〈빈풍칠월편〉은 주나라 주공이 무왕에 뒤이어 성왕을 등극시킨 뒤 지은 시다. 나이가 어리고 경험이 부족한 성왕에게 백성들이 농사짓느라 겪는 어려움을 알려주기 위해 지었다고 한다. 빈풍시는 모두 8연으로 되어 있어 그림은 대개 8폭으로 그려진다.

세종은 흠경각을 지어 옥루를 그 안에 소중히 보관했다. 집 이름을 흠경이라 한 것은《서경》요전(堯典) 편에 '공경함을 하늘과 같이 하여, 백성에게 때를 알려 준다(欽若昊天, 敬授人時)'는 데에서 따온 것이다. 흠경각루, 즉 옥루는 자동 물시계로서 과학적으로 풍성한 볼거리를 제공했다. 아울러 유교적 이념과 성향이 반영된 시계이기도 했다. 시경에 등장하는 〈빈풍도〉와 공자의 기기를 표현함으로써 흠경각 내부 공간을 통치의 공간으로 확장한 것이다. 옥루가 있던 흠경각은 조선 사회를 바르게 세우고자 했던 세종의 이념이 잘 반영된 공간이었다.

1433년(세종15) 8월 13일 세종은 경연에 나아가 《성리대전》을 강론하고 신하들에게 시를 짓고 그림을 그리라고 주문했다.

"눈에 보이는 것으로 마음을 깨우치는 것은 참으로 유익한 일이다. 내가 빈풍칠월도를 보고 농사짓는 백성들의 수고로움을 살필 수 있게 되었다."

"전하, 궁궐 안에만 있으니 어찌 농촌에서 고생하는 백성들의 어려움을 알 수 있겠습니까? 분부하신 대로 백성들의 노고를 노래하는 시를 지어 상하 귀천이 모두 농사일의 소중함을 알게 하겠나이다."

세종은 〈빈풍칠월도〉를 보고 농사짓는 일이 얼마나 힘들고 어려운지를 살펴 알게 되었다고 말했다. 이에 우리나라 풍속을 채집하여 일하는 모습을 그리고 찬미하는 노래를 지어서 상하 귀천이 모두 농사일의 소중함을 알도록 하였다. 후손들에게 전해 주어 후손만대까지 알게 하고자 집현전으로 하여금 그림을 그리고 노래로 칠월시를 만들게 했다. 이에 지신사 안숭선은 〈기기도〉를 얻어 벽에 걸어 놓고 보니 많은 수양이 되고 있다고 전하면서 세종이 그리게 한 〈빈풍칠월시도〉야말로 후손만대에 미담이 될 것이라고 칭송했다.

옥루는 1438년(세종 20) 1월 7일에 완성되었다. 세종의 〈빈풍칠월
도〉와 기기에 대한 구상이 4년여 만에 실현된 것이다. 그것을 가능
하게 했던 인물은 장영실이다. 장영실은 그림 속의 '기기'를 현실에
서 구현해 실제로 작동하도록 제작하였다.

세계 유일의 오목 해시계

하늘을 바라보는 가마솥 시계, 앙부일구

———————— 세종 대 제작된 대표적인 해시계가 '앙부일구(仰釜日晷)'
이다. 앙부일구라는 이름은 반구형의 대접과 같은 모양
때문에 붙여진 것으로 그 뜻을 쉽게 풀이하면 오목 해시계이다. 마
치 모양이 하늘을 우러르는(仰) 가마솥(釜) 같다 해서 '앙부일구'라
이름이 붙여졌다. 앙부일구는 모양이 좀 특이한데, 얼굴을 씻는 세
숫대야를 연상시킨다. 보통 해시계는 시각을 표시한 원반이 평평하
지만 앙부일구는 오목한 형태를 하고 있다.

'일구'라는 한자를 번역하면 해그림자라는 뜻이다. 해시계를 통
해 시간을 알기 위해서는 해그림자가 반드시 필요하다. 그런데 한
자에서 그림자를 의미하는 '晷'라고 쓰여진 글자는 '구' 혹은 '귀'

로도 발음한다. 통상적으로 일구로 쓰고 있지만, 귀가 원래 원음이라고 하여 '일귀'로 읽는 것이 맞다는 주장도 있다.

중국은 명나라 이후로는 국가에서 해시계를 만들지 않았다. 반면, 우리나라의 경우 해시계 제작이 본격적으로 이루어진 시기가 조선 세종 대이다. 이 시기에 해시계를 비롯한 여러 가지 종류의 시계가 창제되었다. 물시계인 자격루와 옥루, 행루 등이 만들어졌고, 해시계로는 앙부일구, 현주일구, 천평일구, 정남일구 등이 제작되었다. 낮과 밤에 모두 사용할 수 있는 주야 겸용 해시계와 별시계를 통합한 일성정시의도 만들어졌다. 그중에 앙부일구는 독특한 해시계로 유명하다.

모든 백성이 볼 수 있도록 한양 대로변에 설치하다

─────── 태종 대에 종루에 물시계가 설치되고 물시계가 가리키는 시간에 맞춰 종소리가 울렸다. 하지만 누구나 볼 수 있으려면 물시계가 아니라 해시계를 설치할 필요가 있었다. 세종은 낮에도 백성들이 정확한 시간을 알 수 있기를 바란 최초의 왕이었다.

"밤에는 물시계가 있어서 시간을 알 수 있는데 낮에는 시간을 알 수가 없으니 모든 백성이 낮에도 시간을 알 수 있도록 해시계를 만들라."

조선시대 백성들이 볼 수 있었던 최초의 해시계는 앙부일구이다. 해시계는 인간이 발명한 가장 원초적인 시계이다. 해만 비춘다면 어디서든 하루 동안의 시간은 물론 1년의 길이를 알 수 있다. 세종은 친절하게도 글을 모르는 백성들을 위해서 12지신을 나타내는 동물 그림도 그려 넣게 했다. 앙부일구가 완성되자 세종은 집현전 직제학인 김돈에게 앙부일구 완성을 기념하는 글을 짓게 했다.

구리를 부어서 그릇을 만들었으니 모양이 마치 가마솥과 같고, 지름에는 둥근 톱니를 설치하였으니 자방(子方)과 오방(午方)이 세로로 마주하였다. 구멍이 꺾이는 데 따라서 돌아가니 겨자씨를 점찍은 듯하고, 도수(度數)를 안에 그려 넣었으니 주천(周天) 365도 $\frac{1}{4}$의 반이요, 쥐, 소, 토끼 등 12지신을 그렸으니 글을 모르는 백성을 위한 것이요, 각(刻)과 분(分)이 해에 비쳐 밝은 것이요, 길옆에 설치한 것은 보는 사람이 모이기 때문이다. 지금부터 원리를 이해한 백성들이 만들 줄을 알 것이다.

앙부일구가 만들어져서 처음 설치된 날은 1434년(세종 16) 10월 2일이다. 이때 처음으로 앙부일구를 사람들의 통행이 많은 혜정교와 종묘 앞에 설치하여 해의 그림자를 통해 시간을 관측하였다. 세종은 "조선의 백성들은 이제 분초까지 자세한 시간을 알 수 있을 것이다."라고 하였다. 세종은 앙부일구를 모든 백성이 볼 수 있는 시계로 활용하고자 했다.

세종 대에 제작된 앙부일구는 임진왜란 때 모두 없어지고, 17세기 후반인 현종~숙종 대에 다시 제작되었다. 이때 만들어진 것은 세종 대에 만들어진 앙부일구와 조금 다르다. 세종 대의 해시계가 서민들을 위한 공중용 시계였다면, 이때의 해시계는 대궐이나 명문 대갓집에 설치하기 위해 청동으로 만든 고급스런 오목 해시계였다.

원래 앙부일구처럼 오목 해시계는 중국 원나라의 천문학자인 곽수경이 처음 만들었는데 널리 사용되었는지는 불확실하다. 조선에서는 이 시계를 우아하고 세련된 모습으로 발전시켰다. 19세기 후반에 이르러서는 강윤(1830~1898)이 휴대용 앙부일구를 만들기도 했다. 이것은 기존의 앙부일구에다 서양의 전통 형식을 가미한 것으로 크기가 성냥갑만 해서 소매 속에 넣고 다니기에 좋았고, 시간도 매우 정확했다.

시간이 흐르면서 서양 기계시계의 영향을 받아 해시계에 자(子), 축(丑), 인(寅), 묘(卯)라는 한자 대신에 아라비아 숫자가 새겨졌다. 지금도 덕수궁과 조선호텔에 가면 이처럼 독특한 해시계를 볼 수 있다.

우리나라에만 있는 앙부일구

─────── 대부분의 해시계는 해그림자를 받는 시반면(時盤面)이 오목하지 않고 평평하다. 반면, 앙부일구는 반구형의 오목한 시반면을 갖고 있다. 반구형의 시반면 내부에는 시각을 읽을 수 있는 눈금이 그려져 있다.

앙부일구와 같은 오목형 해시계는 현재 세계에서 유일하게 우리나라에만 남아있다. 물론 원나라 때 곽수경이 앙의를 처음 고안했지만 유물이 남아 있지 않고, 제작되어 사용되었다는 관련 역사 기록도 없어 원나라에서 실제로 제작되었는지 알 수 없다. 단지《원사(元史)》에만 기록으로 남아 있을 뿐이다. 이에 비해 해시계 전용으로 조선에서 만든 앙부일구는 세종 대에 처음 제작된 이후 조선을 대표하는 해시계로 정착할 정도로 널리 이용되었다. 현존하는 앙부일구만도 여러 개가 된다. 휴대용 앙부일구까지 포함하면 10여 개가 남아 있을 정도이다.

앙부일구의 구조

앙부일구의 가장 중요한 구조는 해그림자를 만드는 뾰족한 막대기인 영침과 해그림자를 받아 시각을 읽는 둥그런 반구형의 시반면이라 할 수 있다. 둥그런 구(球)를 정확하게 반으로 잘라 오목한 내부 면에 눈금을 새겨 넣어 시반면을 만들었다. 반구형의 시반면 주둥이 부분에는 보통 동서남북 방위가 새겨져 있다.

세종 대의 앙부일구는 현재 남아 있지 않아 정확한 구조를 알 수는 없다. 복원된 것도 문헌에 기록된 내용과 약간 차이가 있다. 현재 유물로 남아 있는 앙부일구는 숙종 대 제작된 것이다. 세종 대와 숙종 대 앙부일구에서 가장 큰 차이는 시계바늘에 해당하는 영침이다. 숙종 대 것은 시반면 주둥이 정남 위치에서 관측지의 북극고도

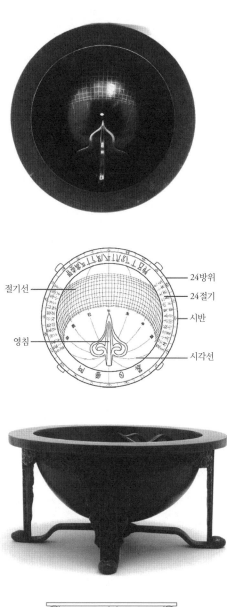

절기선 — 24방위
24절기
시반
영침 — 시각선

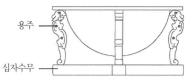

용주
십자수무

▲ 앙부일구

오목한 반구형 해시계로서, 솥과 비슷하다고 해서 앙부로 이름하였다.

1434년 세종의 명에 의해 처음 제작하여 혜정교와 종묘 남가에 각각 석대를 쌓아 그 위에 설치하였다.

(조선의 한양 북극고도)만큼 내려간 지점을 남극으로 해서 정확히 북극을 향하도록 시반면에 고정되어 있다. 영침의 끝 부분은 뾰족한 바늘 모양으로 정확하게 시반면 주둥이의 정중앙에 위치한다.

시반면에 그려져 있는 눈금은 영침과 수직하게 13개의 절기선이 그려져 있고, 절기선에 세로선으로 시각선이 그려져 있다. 시각선은 정중앙의 자오선을 오시 정초각 0분으로 해서 좌우에 묘시부터 유시까지 낮 동안의 시각을 잴 수 있도록 자오선에 평행한 방향으로 그려져 있다. 절기선은 해그림자만 보고도 24절기를 알 수 있도록 13개의 선이 시각선에 가로 방향으로 그어져 있다. 춘·추분선을 정가운데의 적도선으로 해서 맨 위쪽이 동지선, 맨 아래쪽이 하지선이다.

이러한 구조의 앙부일구는 천구 상에서 일정한 주기를 갖고 도는 태양의 운행을 구형의 스크린 위에 완벽하게 재현해 놓은 천문시계인 셈이다. 그래서 어떤 구조의 해시계보다 시각을 읽기가 쉽다. 절기선과 시각선에 맺힌 해그림자의 눈금을 그냥 읽기만 하면 된다. 해가 아침에 동쪽에서 뜨면 해그림자는 시반면의 서쪽 묘시 시각선을 가리킬 것이다. 이후 서서히 오른쪽으로 움직여 동쪽의 유시 시각선에서 해가 지게 된다. 그림자가 가리키는 시각선 위의 글자를 읽으면 그것이 곧 현재의 시간이다. 번거로운 별도의 환산이 필요하지 않다.

절기도 마찬가지다. 춘·추분 날에는 영침의 해그림자가 중앙의 적도선인 춘·추분선을 따라서 움직인다. 따라서 해그림자가 어느 절기선에 맺히는가를 보고 바로 현재의 절기를 알 수 있다. 해그림자는 절기가 변함에 따라 남북으로 이동하는데, 해그림자가 가장 긴 동짓날에는 가장 북쪽의 동지선을, 하짓날에는 가장 남쪽의 하지선을 따라서 궤적을 그리게 된다. 이와 같이 앙부일구는 시반면에 생긴 해그림자만 보고도 1년 중의 절기와 하루 중의 시각을 별도의 계산 없이 바로 파악할 수 있는 해시계이다.

글자를 모르는 백성들을 위해 그림으로 시각을 새기다

───────── 앙부일구가 조선시대에 널리 보급된 데에는 어떤 해시계보다도 시각을 쉽게 읽을 수 있다는 점이 크게 작용했을 듯하다. 실제로 앙부일구의 탄생은 대중이 쉽게 시간을 읽을 수 있도록 배려한 것과 깊은 관련이 있다. 당시 한양은 철저한 계획에 의해서 설계된 수도였다. 한양의 중심지를 동서로 관통하는 큰 도로가 혜정교와 종묘 남쪽을 가로질러 서대문과 동대문으로 이어졌다.

1434년 세종 16년에 처음 만들어진 앙부일구가 설치된 혜정교(오늘날의 광화문 우체국 동쪽에 있던 다리)와 종묘 앞은 한양의 평범한 사람들이 가장 많이 다니던 길이었다. 앙부일구는 궁궐 속 깊은 곳에 설치된 것이 아니라 백성들이 일상생활에서 직접 보고 읽을 수 있도록 사람들이 많이 다니는 곳에 설치된 것이다. 그야말로 백성을 위한 공중 시계(Public Clock)인 셈이다.

앙부일구의 또 다른 특징은 시반면의 주둥이에 시각을 새겨 넣으면서 글자가 아닌 12지신의 동물을 그림으로 새긴 데 있었다. 애민(愛民)의 왕인 세종이 글자를 모르는 백성들도 시계를 읽을 수 있도록 배려했기 때문이다. 이렇게 앙부일구는 철저하게 백성들의 시계로 태어났다. 중국에서 최초로 고안된 앙의가 중국 땅에서는 태어나지 못하고, 조선에서 재탄생해 조선을 대표하는 해시계로 자리 잡은 가장 큰 이유가 바로 여기에 있다.

현존하는 앙부일구는 세종 대에 만들어진 것이 아니다

─────── 세종 대 처음 만들어진 앙부일구는 현재 남아 있지 않다. 우리가 박물관에서 볼 수 있는 유물은 모두 숙종 대 이후에 제작된 것들이다. 현존하는 앙부일구는 세종 대에 제작된 것과 구조는 거의 비슷하나 몇 가지 점에서 다르다. 가장 큰 차이점으로는 12시의 시각선 표시가 12지신의 동물 그림으로 그려져 있지 않고 글자로 새겨져 있는 점이다.

또 다른 점으로는 조선 후기 시헌력 체제로 역법이 바뀌면서 역법 상수와 시제가 달라진 것을 들 수 있다. 세종 대는 100각법 시제를 사용했고 조선 후기에는 96각법 시제로 바뀌었다. 또한 북극고도도 달라졌다. 세종 대의 북극고도는 '38도 소(少), 약 ¼'이었다. 이

도수는 추천도수를 365도$\frac{1}{4}$로 했을 때의 북극고도 도수이다. 추천도수 360도 체제로 환산하면 약 37도 41분 정도가 된다. 이 도수는 1653년 시헌력 개력 이후 37도 39분 15초로 바뀌었다. 현재 남아 있는 조선 후기 앙부일구에는 이 북극고도 수치가 '북극고 37도 39분 15초'라 새겨져 있다. 세종 대의 앙부일구라면 당연히 '북극고 38도 소(少)'라 적혀 있을 것이다.

휴대용 앙부일구

──────── 앙부일구는 청동 이외에 다양한 재료로 만들어졌다. 기상청에 있는 직경 20센티미터의 앙부일구는 검은색 대리석으로 만들어졌지만, 구조와 형태는 청동제와 다를 바 없다. 서울대학교 박물관에 있는 앙부일구는 하얀색 대리석으로 만든 독특한 형태이다. 대리석으로 만든 앙부일구는 시반면의 몸체를 16개의 꽃잎 모양으로 조각한 대접 모양 받침대가 받치고 있다. 이외에도 백자나 옥 등 다양한 재료를 이용해 앙부일구를 만들었다.

19세기에 이르러 앙부일구는 더 널리 사용되었다. 가지고 다니면서 간편하게 시간을 잴 수 있도록 아주 작게 만든 휴대용 앙부일구도 등장했다. 대표적으로 19세기 말 강윤(姜潤, 1830~1898)과 강건(姜湕, 1843~1909) 형제가 제작한 매우 정교하고 아름다운 휴대용 앙부일구가 있다. 그중에 국립중앙박물관에 있는 것은 보물 852호로

지정되기도 했다.

강윤 형제가 만든 휴대용 앙부일구는 현재 여러 점이 남아 있다. 크기는 대략 가로 6센티미터 이내, 세로 4센티미터 내외로 간편하게 들고 다닐 수 있는 크기이다. 상부 위쪽에는 지남침을 달아서 방위를 알 수 있게 했고, 아래쪽에는 앙부일구를 새겨 넣은 구조이다. 간혹 영국 옥스퍼드 과학사 박물관에 있는 것처럼 수평을 파악할 수 있는 장치가 달려 있는 것도 있다. 이 앙부일구 아래 면에는 "성상(聖上) 7년(1870) 11월 하순에 신(臣) 강윤이 임금의 명령을 받들어 삼가 제작하다"란 명문이 적혀있다. 강윤이 고종의 명에 따라 제작해서 바쳤음을 알 수 있다.

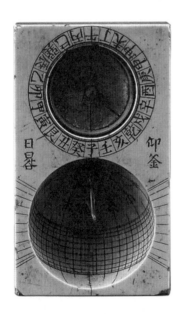

▲ 휴대용 앙부일구(국립중앙박물관 소장).
보물 제852호. 세로 5.6센티미터, 가로 3.3센티미터, 두께 1.6센티미터의 돌로 만들었으며, 서울의 위도를 표준으로 하였다. 제작자의 이름과 제작 연대(1871)가 새겨져 있다. 반구형 해시계 면의 직경은 2.8센티미터이고, 나침반의 직경은 1.9센티미터로 주위에 24방향의 글자가 새겨져 있다. 낮 시간과 시각선이 새겨져 있고 24절기와 절기선도 새겨져 있다.

16

다양한 해시계

세종 대에는 앙부일구 이외에도 간편하게 사용할 수 있는 작은 크기의 해시계가 만들어졌다. 현주일구와 천평일구, 정남일구가 그것이다. 그중에 현주일구와 천평일구는 적도면에 평평한 시반면을 설치하고 영침을 천구의 북극을 향하도록 만든 평면형 해시계로 '적도일구(赤道日晷)'의 일종이다.

이러한 적도일구는 태양이 영침을 축으로 일주 운동을 하고, 시반면이 적도면 상에 있기 때문에 영침의 해그림자가 시반면 위를 등각속도로 움직이게 된다. 시각선이 영침을 중심으로 균등한 방사선 형태로 그려져 있다. 이러한 형태의 해시계는 만들기도 쉽고 시간을 읽기도 쉬워, 해시계 중에서도 비교적 오래전부터 사용되었다. 실제로 현존하는 가장 오래된 통일신라 해시계는 시반면이 적도면과 평행한 적도일구였을 것으로 추정된다.

말 위에서 사용한 천평일구

──────── 천평일구는 적도시반(赤道時盤)을 가진 휴대용 해시계이
다. 1437년(세종 19)에 처음 제작하였으며 말 위에서 사
용했다고 한다. 같은 시기에 제작한 현주일구와 크기와 사용법이
유사하다. 하지만 기둥이 중심에 있고, 둥근 못이 남쪽과 북쪽에 있
는 특징이 있다. 시반 양면에 시각 눈금을 새겨 놓고 시반에 맺힌
실 그림자로 시간을 측정하였다. 시반의 윗면은 춘분에서 추분까
지, 아랫면은 추분에서 다음 해 춘분까지 사용한다.

1437년(세종 19) 4월에 만든 것으로 전해지나, 그 이전에 이미 만
들어졌을 가능성도 배제할 수 없다. 제작자는 분명하지 않다. 다만,
1432년에 세종이 예문관 제학 정인지에게 대제학 정초와 함께 천
문의기를 만들도록 명한 사실로 보아 정인지와 정초, 이천, 장영실
등이 제작에 참여했을 것으로 보인다.

세종 대 만들어진 해시계로는 천평일구 외에도 앙부일구·현주
일구·정남일구 등이 있었다. 그러나 임진왜란을 기점으로 모두 소
실되어 앙부일구 외에는 그 모양을 정확히 알 수 없다.

기록에 따르면, 천평일구는 현주일구와 구조가 거의 비슷하다고
한다. 다만 현주일구가 시반(時盤) 북쪽 편에 기둥이 세워진 데 반해
천평일구는 한가운데 세워져 있다는 것이 가장 큰 차이점이다. 현
주일구가 북쪽 기둥 머리에 추를 달아서 아래쪽 십자 표시에 닿게
하여 수평을 유지한 데 반해, 천평일구는 기둥 머리에 노끈을 꿰어

남쪽을 가리키게 하였다. 그리고 현주일구가 남쪽 한 곳에만 못[池]을 판 데 비해 천평일구는 남쪽과 북쪽 두 군데에 못을 파고 그 한가운데 기둥을 세웠다는 것이 특징이다.

'천평'이라는 이름이 말해 주듯이 수평을 더욱 잘 유지하기 위해 두 개의 못을 판 것으로 짐작되며, 시반 한가운데에 100각이 표시되어 있는 작은 원이 그려져 있었다. 크기에 관해서는 구체적으로 전해지는 바가 없으나 현주일구가 6촌 3푼(가로 세로 길이가 13.1센티미터)인 것으로 볼 때, 거의 비슷한 크기였을 것으로 짐작할 뿐이다.

천평일구는 "말을 타고 가면서도 시각을 알기 위해 만든" 시계였음이 특히 강조되고 있다. 《세종실록》에 "말을 타고 가면서도 시각을 알지 않을 수 없으므로 천평일구를 만들었다"라는 기록이 나온다. 때문에 다른 해시계에 비해 가장 휴대하기 편리한 시계였으며, 변방이나 군대에서 사용된 것으로 짐작된다. 천평일구는 일종의 휴대용 평면 해시계로 세종 대에 제작된 4종의 해시계 중 가장 간편한 것이었다.

평면 해시계는 17세기 이후 예수회 선교사를 통해 중국에 도입되었다고 알려져 있는데, 천평일구에서 보듯이 실표가 달린 평면 해시계는 세종 대에 제작된 것이다. 그러나 세종 대 이후 모든 휴대용 해시계에는 실표가 사라진 형태로 만들어졌다. 또 수평을 잡기 위한 연못도 생략되었다. 세종 대 이후에 제작된 천평일구는 고대부터 만든 실표 없는 평평한 지평일구와 같은 모양으로 다시 되돌아갔다.

수평 추를 이용한 해시계, 현주일구

──────── 휴대용 해시계인 현주일구는 1437년(세종 19) 4월에 정
초·장영실·김빈·이천·김돈 등이 참여하여 만든 것이
다. 시표와 시반이 수직이 되도록 기둥에 추를 매달아 십자의 중심
에 걸리게 하고, 남북을 정하기 위하여 자침(磁針)을 두었다. 시표는
가는 선이 삼각형을 이루어 접을 수 있게 하였다. 삼각형의 시표는
중세 아라비아의 영향을 받은 것으로 보인다.

숙종 연간에 제작된 앙부일구는 남아 있으나, 현주일구는 전해
지는 것이 없어 모양을 정확히 알 수 없다. 더욱이 현주일구는 세종
대 만들어진 세계 유일의 해시계로 중국에서도 찾아볼 수 없다. 다
행히 그 모양이 문헌 기록으로는 남아 있어서 대략이나마 그 구조
를 짐작할 수 있다.

현주일구는 사각형의 휴대용 해시계로 크기가 6촌 3푼(19.1센티
미터)밖에 되지 않는다. 평평한 바닥 북쪽에 기둥을 세우고 남쪽에
는 못[池]을 팠으며, 북쪽에는 십자 표지를, 그리고 기둥 머리에 추
를 달아서 아래쪽 십자와 서로 닿게 하여 시계가 수평임을 알 수 있
도록 하였다. 시반 중심 한가운데에 지름이 3촌 2푼(9.2센티미터)인
작은 원을 그려 100각을 표시해 두었다. 100각을 그린 것은 당시의
시제(時制)가 1일(日)은 100각이라는 데에 따른 것이다.

100각이 그려진 원의 가운데에 구멍이 있어 한 가닥 가는 실을
꿰어서 위는 기둥 끝에 매고 아래는 밑바탕 남쪽에 매어 실 그림자

가 있는 것을 보고 시각을 알 수 있게 하였다.

　현주일구란 명칭이 붙은 것은 수평을 잡기 위해 매달아 둔 추 때문에 생긴 것으로 보인다. 앙부일구와 달리 휴대하기 간편한 시계로서 자오를 정확히 하기 위해 지남침과 함께 사용했으리라는 추측도 있다. 세종 대에 여러 개의 현주일구를 만들어 군사지역인 양계에 나누어 주고 남는 것은 서운관에 보관했다고 한다.

　현주일구는 세종 대 각종 관측기구를 만들면서 간편하게 사용할 수 있는 작은 해시계를 만들면서 만든 듯하다. 크기가 손바닥만 하다. 원반 모양의 시반면이 받침대 가운데 적도면에 평행하게 세워

▲ 현주일구
휴대용 해시계의 일종인 현주일구는 시반 양면에 시각 눈금을 새겨 놓고
시반에 맺힌 실 그림자로 시간을 측정하였다.

져 있고, 그 앞에 원기둥을 세워 이 기둥으로부터 시반면에 수직으로 현을 내려뜨릴 수 있도록 했다. 이 현이 영침 역할을 한다. 현재 남아 있는 것이 없어 세종 대 제작된 원래의 모습은 단정할 수 없다. 하지만 관련 역사 기록에 근거해 복원한 현주일구를 경기도 여주 세종대왕릉 기념관에서 볼 수 있다.

자동으로 정남향을 맞추는 해시계, 정남일구

———— 정남일구는 세종 대 만들어진 해시계 중에 가장 정교하고, 과학적 원리를 응용한 해시계이다. 이름에서 암시하듯이 지남침 같은 부수적인 장치가 없이도 남쪽 방향을 정할 수 있는 구조를 지닌 해시계이다. 정남일구도 현재 남아 있지 않으나, 오래전부터 조셉 니덤 등 과학사학자들이 복원도를 제시한 바 있다. 최근에는 국내 천문학자들에 의해 복원되어 일반인에게 알려져 있다.

그 구조는 크게 사유환과 지평환이라 이름 붙여진 둥그런 고리 둘, 사유환에 붙어있는 망통인 규형, 그리고 지평환에 비스듬하게 붙어있는 반호형의 시반으로 구성되어 있다. 지평환은 북쪽과 남쪽에 있는 두 개의 기둥에 고정되어 있으며, 사유환은 지평환 내부에서 남북의 천구 축을 중심축으로 360도 회전한다.

사유환에는 상하로 움직이는 망통이 달려있다. 매일 달라지는 해의 고도를 상하로 움직이며 관측한다. 사유환의 밑 부분에는 네

모난 구멍이 뚫려있어 그 밑으로 시반의 눈금을 읽을 수 있게 했다. 사유환에 달려 있는 망통이 정남향을 맞추는 기능을 한다. 달라지는 태양의 고도에 망통을 상하로 움직이면서 맞춘다. 이때 망통에 달려 있는 규형에 태양이 정확하게 일치하도록 정남일구의 방향을 맞추면 그것이 바로 정남향이 된다. 이와 같이 정남향을 맞춘 후 사유환 밑바닥 네모난 구멍 밑에 있는 시반의 눈금이 바로 관측 당시의 시간이 된다.

▲ 정남일구(한국천문연구원 제공)
휴대용 해시계의 일종인 정남일구는 지남침을 사용하지 않고
남쪽 방향을 알 수 있는 해시계이다.

낮과 밤의 시간을 측정하는 일성정시의

———— 일성정시의는 낮과 밤의 시간을 측정할 수 있는 독창적인 천문시계이다. 1437년(세종 19)에 처음 제작되었으며 세종은 일성정시의의 구조와 원리를 직접 연구하여 제작에 공헌하였다. 일성정시의는 해와 별이 북극을 중심으로 일정하게 회전한다는 원리를 적용하고 있다. 그 구조는 주천도분환, 일구백각환, 성구백각환 등으로 이루어져 있다.

일성정시의는 《주례(周禮)》나 《원사(元史)》 등의 경전과 역사서에 소개되어 있는 별을 이용한 시간 측정 방법을 참조하여 세종 대에 독창적으로 제작한 시계다. 낮에는 태양의 운동을 통해, 밤에는 별의 움직임을 이용하여 태양시와 항성시를 측정하는 장치라 할 수 있다.

천문시계의 일종인 일성정시의는 낮에 태양뿐만 아니라 북극을 중심으로 항성이 규칙적으로 일주 운동을 한다는 사실을 알고 북극을 중심으로 회전하는 별들의 위치를 관측하여 밤시간을 측정하였다. 또한 시각을 궁중에 알려주고 자동시보 장치인 자격루의 시각을 교정하는 데 사용하였다.

낮에는 해를 관측하고 밤에는 별을 관측하여 시간을 정하는 독특한 이 시계는 내구성을 위해 구리로 제작되었다. 모두 4개를 제작했는데, 하나는 궁궐 안 왕이 다니는 내정(內庭)에 둔 것으로 구름과 용으로 화려하게 장식하였다. 나머지 셋 중에 하나는 서운관에 주

▲ 복원된 일성정시의의 모습(한국천문연구원 제공)
낮과 밤의 시간을 측정하기 위해 만든 천문시계로 자격루 등 물시계의 시각 교정에 사용되었다.
일성정시의는 해와 별들이 북극을 중심으로 일정하게 회전한다는 원리를 적용하고 있다.

어 시간 관측에 사용하게 하고 나머지 둘은 함길도와 평안도 두 도의 절제사가 있는 지휘소에 나누어 주어 국경 경비 임무와 경계 태세를 강화하는 목적에 쓰게 했다.

일성정시의는 세종의 명으로 만들어졌다. 세종은 "옛 문헌에는 별로써 시각을 정한다는 말이 있는데, 어떻게 측정하는지에 대한 방법은 나와 있지 않다"라고 말하며 신하들에게 밤과 낮으로 시각을 잴 수 있는 기구를 만들라고 명하였다.

다른 기기와 마찬가지로 일성정시의는 대단히 정밀한 관측 기기이지만 재질이 구리라 무겁고 커서 군대에서 사용하기가 불편했다. 그래서 크기가 작은 일성정시의인 '소일성정시의'가 만들어졌다.

해그림자를 이용한 규표

────── 인간이 가장 먼저 만든 관측용 기구는 사실 해그림자를 이용한 기구이다. 가장 먼저 만들어진 관측용 기구를 조선시대에는 '규표(圭表, gnomon)'라고 불렀다. 규표는 동지점을 관측하기 위해 땅에 수직 막대를 세우고 그 그림자를 재는 데 사용하는 기구이다. 이 수직 막대가 표이고, 규는 수평으로 누워있는 자를 말한다. 표의 길이가 짧으면 자의 눈금이 아주 촘촘하고 작을 수밖에 없다. 규표는 지금은 생소하고 잊힌 기구지만, 인간이 가장 먼저 발명한 관측 기기였다.

규표는 중국에서 이미 요순시대부터 사용하였다고 전한다. 한국에서는 삼국시대부터 사용되었으리라 추정하지만, 실제 기록상으로는 《세종실록》과 《증보문헌비고》에 등장하는 세종 대의 규표가 처음이다. 이 규표는 1433년(세종 16) 7월에 돌을 깎기 시작하여 4년 뒤인 1437년(세종 19)에 완성한 것이다. 규표에 대해서는 《세종실록》과 《증보문헌비고》 상위고에 자세히 나온다.

간의대 서쪽에는 동표를 세웠는데, 높이가 40척이나 되는 작대기이다. 청석을 깎아서 규(圭)를 만들고, 규의 면에는 장·척·촌·분의 눈금을 새겼다. 영부(景符)는 태양이 가장 높이 떴을 때의 그림자를 측정하여 동지와 하지의 길고 짧음을 계산하였다.

규표는 원나라 곽수경이 제작했다는 규표에 근거하는데 원나라 규표는 128척(약 39미터)의 규와 40척(약 12미터)에 달하는 표로 규모가 어마어마하게 컸다. 곽수경이 제작한 표 2개는 북경과 낙양 가까이에 있는 양성이라는 지역(현재 중국 등봉)에 세워졌다. 양성에 있는 것은 멋진 반 피라미드 탑에 둘러 싸여 있었다. 탑과 규는 오늘날까지 남아 있으나 표는 사라지고 없다.

이순지는 저서 《제가역상집》에서 곽수경의 규표를 바탕으로 세종 시대에 제작한 규표가 어떤 모양이었는지 자세히 기록하고 있다.

규는 돌로 만들며 그 크기는 길이 126척, 너비 4척 5촌, 두께 1척 4촌이며, 받침대는 높이 2척 6촌이다. 규의 남북 양 끝에는 연못이 각각 있는데, 그 지름은 1척 5촌이고 깊이는 2촌이다. 표의 북쪽으로 1척 되는 곳에 있는 들보의 중심과 수직인 곳에서부터 120척까지 눈금을 매긴다. 눈금의 중심은 너비가 4촌이고, 그 양쪽에 1촌의 폭으로 척·촌·분을 북쪽 끝까지 그려 넣는다.

원나라 규표 못지않게 크기가 웅장한 규표는 표가 길어짐에 따라 그림자의 끝이 불분명해지는 단점이 있었다. 이 현상은 표의 끝을 뾰족하게 만들어도 마찬가지였다. 이에 '영부'라는 것을 만들어 규를 따라 움직이며 투사되는 햇살에 정면으로 향하도록 하여 마치 렌즈처럼 가로 막대의 상에 초점을 맞추었다. 주나라 때부터 중국은 표의 크기를 8척에 맞추었다. 표준 높이가 8척(약 2.42미터)이었던 것이다. 세종 대에 만든 규표가 8척의 5배라고 하니 그 규모가 상당하였음을 짐작할 수 있다.

우리나라 해시계의 역사

——— 국립중앙박물관에 우리나라에서 가장 오래된 해시계 잔편이 있다. 통일신라시대에 만들어진 것으로 추정되는 이 해시계는 화강석으로 만들어졌으며, 현재는 일부분만이 남아 있다. 화강암 원반 위에 자시부터 묘시까지 시간 눈금이 남아 있는

평면 해시계이다. 이로 보아 고대국가 때부터 국가 차원에서 태양 운동의 관측을 통해 시간을 쟀음을 알 수 있다.

이 원반형의 해시계는 원을 24등분하고, 그 위에 모두 스물네 개의 글자가 새겨져 있는데, 중국의 전통 해시계와 비슷하다. 해시계는 햇빛이 충분한 곳에서만 사용할 수 있으므로 날씨가 나쁜 중국에서는 크게 발달하지 않았다. 반면 우리나라에서는 일찍부터 해시계가 시간을 측정하는 기구로 활용되었다. 한국에서는 기원 전후 무렵부터 해시계를 사용한 것으로 추정되고 있다. 이러한 형식의 해시계는 통일신라에서 고려로, 그리고 조선으로 계승되었다.

우리나라에서 언제부터 해시계를 만들어 사용했는지 정확한 연대는 알 수 없다. 그러나 인류가 선사시대부터 원시적인 해시계를

▲ 통일신라 해시계(국립중앙박물관 소장)
1930년 경주 성곽 부근에서 발굴된 신라시대의 해시계 파편이다.
재질은 화강암이고 원형 판 위에 선을 그어 시각 표시를 한 원반형 해시계의 일부분으로
반경은 약 33.4센티미터, 최대 두께는 약 16.8센티미터이다.

만들어 시간을 잰 것으로 미루어 우리나라에서도 아주 오래전부터 해시계를 통해 시간을 측정했으리라 추정할 수 있다. 《삼국사기》에 고구려의 '일자(日者)', 백제의 '일관(日官)'이라는 관원이 있었다는 기록이 있다. 이러한 관원은 분명 해를 관측해 시간을 재는 임무를 맡았을 터이다.

신라의 '첨성대'도 그러한 사정을 암시한다. 첨성대의 모양은 확실히 미스터리다. 이 모양으로 어떻게 천문을 관측했는지는 알 수 없다. 하지만 태양을 비롯한 천체를 관측하던 기구임에는 분명하다.

고려시대에는 해시계를 제작해 시간을 측정한 기록이 상대적으로 부족하다. 단지 고려시대 유물로 추정되는 해시계가 유일하게 국립중앙박물관에 소장되어 있다. 고려시대에 이미 '선명력'이라는 역법을 사용했고, 일식과 월식 등 천문관측 기록을 《고려사》에 남긴 것으로 보아 해시계를 제작하고 사용했음은 부정할 수 없을 것이다. 삼국시대에 비해 고려시대에 훨씬 발전된 관측기구와 해시계가 있었는지는 더 연구해 봐야 한다.

해시계에서 기계시계로

——— 인류가 처음 만든 관측기구는 해시계였다. 평평한 땅에 수직으로 막대기를 세워 만들어지는 해그림자를 통해서 처음으로 인간은 시간을 관측했다. 해시계 외에도 물시계와 기

계시계 등 인류는 여러 가지 방식으로 시간을 측정해 왔다. 물시계는 해시계와 더불어 가장 오래된 시계이다. 이집트에서는 기원전 1600년경부터 간단한 물시계가 제작되었다. 동양에서는 인도와 중국에서 이른 시기에 물시계를 사용하였다고 한다. 물시계 외에도 간단한 시계로는 모래시계가 있고, 향이나 초를 태워 시간을 재기도 했다.

해시계나 물시계 이후에는 역학적 에너지를 이용하는 기계식 시계가 발명되었다. 태엽이 풀리는 일정한 힘을 이용하거나, 무거운 추가 일정한 시간 간격으로 자유 낙하하는 현상을 이용해서 시간을 재는 방식이다. 이러한 기계시계는 동아시아 지역에서는 사용되지 않았지만 서구에서는 오래전부터 만들어졌다.

기계시계는 편리할 뿐만 아니라 작게 만들 수 있어 근대 이후 물시계나 해시계는 자연스럽게 사라지게 되었다. 1582년 갈릴레이(1564~1642)가 추의 진동이 등시성을 가진다는 원리를 발견한 이후 그 성질을 이용해 기계시계의 정밀도를 높일 수 있는 장치가 개발되기 시작했다. 1656년 네덜란드 물리학자 호이겐스(1629~1695)는 하루에 10초 정도의 오차를 내는 정밀도를 얻어낼 수 있는 탈진기를 개발했다. 이후 기계시계는 빠른 속도로 실용화되어 대중화 시대를 열었다. 근대사회는 이렇듯 기계시계와 함께 시작되었고 기계시계에 적응한 근대인의 삶은 점차 시간에 구속되기 시작했다.

해시계의 원리

자연의 변화를 관측해서 시간을 재는 대표적인 자연시계가 해시계이다. 해시계는 태양의 일주운동(실제로는 지구의 자전)과 연주운동(지구의 공전)이라는 천체 운동을 통해서 하루와 1년의 길이를 잰다. 그런데 기준을 달리함에 따라서 하루와 1년의 길이가 달라진다. 인간의 눈에 보이는 외견상 드러난 태양의 운행 주기를 잰 시간은 태양일과 태양년(또는 회귀년)이 된다.

인간이 보기에 태양이 천구 상의 자오선을 통과하는 때부터 다음 자오선을 통과할 때까지의 시간이 태양일이다. 하루의 길이인 셈이다. 태양이 천구 상의 황도 위에서 춘분점을 지나 다음 춘분점을 지날 때까지의 시간이 태양년(또는 회귀년)이다. 1년에 해당되는데, 물론 실제 태양의 운행 속도에 따라서 매일의 태양일과 매년의 태양년은 아주 조금씩 다르다. 보통 겨울의 태양일이 여름의 태양일보다 길다. 그렇기 때문에 매일 측정하는 태양일은 진태양일, 1년 중 진태양일을 평균한 것을 평균태양일이라 한다.

진태양일이 매일 달라지기 때문에 실용적이지 못해 평균을 낸 평균태양일과 평균태양시를 현실에서는 사용한다. 이와 같이 태양의 겉보기 운행을 관측해서 태양일과 태양년의 시간을 재는 시계가 바로 해시계이다. 해시계는 태양시를 재는 시계인 것이다.

태양의 겉보기 운동을 통해 얻은 태양시와 달리 지구의 실제 운동을 관측해서 얻어내는 항성시가 있다. 항성일은 지구가 실제로 1회 자전하는 데 걸리는 시간이다. 그 기준은 태양이 아니라 무한한 거리에 있어 우주 공간에서의 위치를 바꾸지 않는 별, 즉 항성이다. 항성일의 측정은 특정한 별이 천구 상의 자오선을 통과해서 다음 자오선을 통과할 때까지의 시간을 잰다. 항성일은 평균태양일보다 약 4분씩 빠르다. 이 시간이 쌓여서 1년이 되면 약 24시간 정도가 빠르다. 결국 항성년과 태양년은 거의 하루 차이가 나는데, 정확하게는 365.2422평균태양일=366.2422항성일이 된다. 이러한 항성시를 관측하는 시계가 별시계이다. 조선 초 세종 대에 처음으로 만든 '일성정시의'가 바로 항성시를 관측하는 별시계이다. 물론 낮에는 해시계이지만 해가 지는 밤에는 별을 관측해 시간을 쟀다.

참고자료

원전

《삼국사기(三國史記)》

《고려사(高麗史)》

《조선왕조실록(朝鮮王朝實錄)》

《서운관지(書雲觀志)》

《증보문헌비고(增補文獻備考)》 상위고(象緯考)

《대통력(大統曆)》

《시헌력(時憲曆)》

구만옥, 《세종 시대의 과학기술》, 들녘, 2016

구만옥, 〈숙종대 천문역산학의 정비〉, 《한국실학연구》, 24권, 2012

국사편찬위원회, 《하늘 시간 땅에 대한 전통적 사색》, 두산동아, 2007

김일권, 《동양 천문사상》, 예문서원, 2007

김일권, 《우리 역사의 하늘과 별자리》, 고즈윈, 2008

나일성, 《한국 천문학사》, 서울대학교출판부, 2000

남문현, 〈혼천의, 자격루, 측우기〉, 《한국사시민강좌》 23, 1998

남문현, 《장영실과 자격루》, 서울대학교출판부, 2002

문중양, 〈세종대 과학기술의 '자주성' 다시보기〉, 《역사학보》 189, 2006

박성래, 〈수시력의 수용과 칠정산의 완성〉, 《한국과학사학회지》, 2002

박창범, 《하늘에 새긴 우리역사》, 김영사, 2002

실학박물관, 《달력, 시간의 자취》, 2014

안상현, 〈고대 역법에 나오는 일식기의 의미〉, 《천문학논총》 23권 2호, 2008

안상현, 〈천상열차분야지도 도설의 문헌학적 연구〉, 《민족문화》 42, 2013

유경로, 〈한국천문학사연구〉, 녹두, 1999.

이문규, 〈동아시아 전통 천문학의 과학문화적 이해〉, 《과학기술학연구》 12권 2호, 2012

이용삼 외, 〈신라시대 천문역법과 물시계 복원 연구〉, 《Journal of astronomy and space sciences》, 25권 3호, 2008

이용삼, 《조선시대 천문의기》, 민속원, 2017

이은성, 〈천상열차분야지도의 분석〉, 《세종학연구1》, 세종대왕기념사업회, 1986

이태희, 〈간평의에 대하여〉, 《생활문무연구 11》, 국립민속박물관, 2003

전상운, 《세종문화사대계2》, 세종대왕기념사업회, 2000

전용훈, 《한국천문학사》, 들녘, 2017

정기준, 《서운관의 천문의기》, 경인문화사, 2017

정성희, 《우리 조상은 하늘을 어떻게 이해했는가》, 책세상, 2000

정성희, 《조선후기 우주관과 역법의 이해》, 지식산업사, 2005

조지프 니덤, 이성규 옮김, 《조선의 서운관》, 살림, 2010

세종의 하늘

초판 1쇄 발행 2020년 9월 23일
초판 3쇄 발행 2024년 11월 11일

지은이   정성희
펴낸이   문채원
편집   이은미

펴낸곳   도서출판 사우
출판   등록 2014-000017호
전화   02-2642-6420
팩스   0504-156-6085
전자우편   sawoopub@gmail.com

ISBN 979-11-87332-54-1 03910

• 이 도서의 국립중앙도서관 출판예정도서목록(CIP)은 서지정보유통지원시스템 홈페이지
  (http://seoji.nl.go.kr)와 국가자료종합목록 구축시스템(http://kolis-net.nl.go.kr)에서 이용하실
  수 있습니다. (CIP제어번호 : CIP2020036663)
• 저작권자와 연락이 닿지 않아 허락을 받지 못하고 사용한 사진이 있습니다.
  확인이 되는 대로 적법한 절차를 따르겠습니다.

이 도서는 한국출판문화산업진흥원의
'2020년 우수출판콘텐츠 제작 지원' 사업 선정작입니다.